BOULAY DE LA MEURTHE

(HENRY-GEORGES)

BOULAY DE LA MEURTHE

(HENRY-GEORGES)

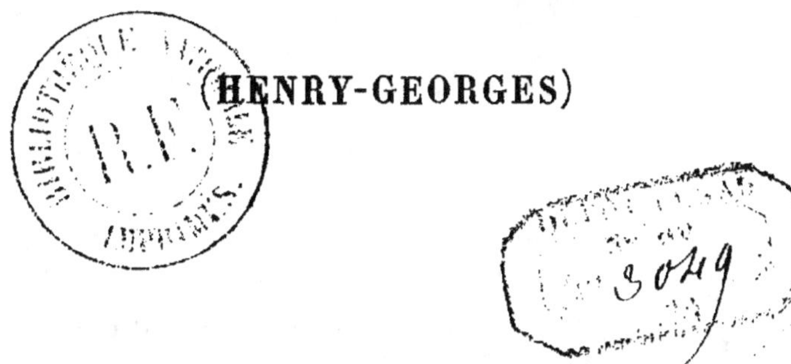

PARIS

TYPOGRAPHIE LAHURE

RUE DE FLEURUS, 9

—

1873

Cette Notice biographique sur Henry-Georges Boulay de la
Meurthe est destinée à sa famille.

J. B.

BOULAY DE LA MEURTHE

(HENRY-GEORGES).

Henry-Georges, fils de Boulay de la Meurthe, dont le nom appartient à l'histoire du Directoire, du Consulat et du premier Empire, était devenu l'aîné de ses enfants[1], depuis la mort d'un frère décédé à l'âge de trois ans.

Né à Nancy le 15 juillet 1797, il fut amené à Paris peu de temps après le 18 brumaire; il y commença ses études dans deux pensionnats dirigés, l'un par M. Bérard-Desglajeux, l'autre par MM. Dubois et Loyseau; il les acheva au lycée Impérial et il obtint le diplôme de bachelier ès lettres en 1815.

Dès 1814, il donnait à la cause de l'indépendance nationale les preuves du patriotisme dont il avait puisé les principes dans la maison paternelle. Le 30 mars de cette même année, lorsque les maréchaux Mortier et Marmont livraient une bataille acharnée sous les murs de la capitale, il accompagnait son père à l'une des barrières, occupée par la compagnie de la garde nationale dans laquelle ils s'étaient fait inscrire ensemble.

En 1815, après le désastre de Waterloo, quand les

1. Un fils, auteur de cette notice, et deux filles.

armées anglaise et prussienne se présentèrent devant Paris, il se joignit aux troupes de ligne qui le défendirent jusqu'au jour de la capitulation. La veille, il avait pris part à un combat dans la plaine d'Aubervilliers-les-Vertus.

Rayé en 1816 (le 4 avril) des contrôles de la garde nationale, à la suite d'une perquisition faite à son domicile par la police, il ne fut réintégré dans ses rangs qu'en 1820. Une ordonnance signée par le roi Louis XVIII, le 24 juillet 1815, avait arbitrairement proscrit son père pour son dévouement à la cause nationale pendant les Cent-Jours; et le gouvernement prussien lui avait assigné pour résidence la ville d'Halberstadt. H. Boulay, qui venait de terminer sa rhétorique et qui avait commencé son cours de droit, alla le rejoindre dans cette ville. Après avoir fait un voyage à Paris pour passer ses examens [1], il revint à Francfort-sur-le-Mein, où son père était autorisé à séjourner, et il ne le quitta plus jusqu'à son rappel qui n'eut lieu qu'à la fin de décembre 1819.

Ce fut sous sa direction qu'il étudia la philosophie, la morale, l'histoire et la politique; et il apprit, par son exemple, à s'armer contre les événements d'une inébranlable fermeté. Ce fut aussi par ses conseils qu'il orna sa mémoire de morceaux choisis dans les meilleurs auteurs. Le temps pendant lequel il partagea l'exil de son père fut consacré à compléter son instruction littéraire et à acquérir les connaissances nécessaires à la vie publique.

---

1. Il obtint le grade de licencié en droit, le 21 août 1818, et il fut reçu avocat le 28 du même mois.

Les écrits qu'il a publiés, comme les discours qu'il a prononcés dans diverses assemblées, se font remarquer par la clarté, la force et l'élévation de la pensée et de l'expression. Il faisait aussi des vers avec facilité; mais il ne voulait pas qu'ils fussent imprimés. Ce goût pour la littérature, qu'il a toujours conservé, l'avait fait entrer, quelques années après son retour d'Allemagne, dans le Comité de lecture du second Théâtre-Français, que dirigeait M. Harel, ancien préfet du premier Empire, et l'un des proscrits du 24 juillet 1815.

Admis, le 27 mars 1820, à faire son stage au barreau de Paris, il s'y fit bientôt remarquer. Il s'y distingua surtout en 1822, comme défenseur de l'un des accusés [1], dans l'affaire demeurée célèbre sous le nom de Conspiration des sous-officiers de la Rochelle. Il rédigea, sur la question légale du complot, un résumé qui fut signé par tous les avocats que les accusés avaient chargés de leur cause. Les journaux du temps signalèrent l'impression produite par sa plaidoirie. Elle se terminait par ces paroles, qui s'appliquaient à l'ensemble du procès :

«Le ministère public vous a fait [2], messieurs les jurés, « une peinture effrayante des dangers auxquels est « exposée la monarchie. Il vous appelait à son se- « cours; vous êtes, s'écriait-il, *un des plus fermes* « *supports de la société : vos serments sont la dernière*

---

1. Le sous-officier Perreton, sergent au 45e régiment de ligne, âgé de vingt-deux ans, prévenu de non révélation de ce complot.

2. Les fonctions du ministère public étaient exercées par MM. de Marchangy et de Broë.

« *esperance !* Eh bien, j'admets cette imposante mis-
« sion qu'il vous conférait; oui, vous les représen-
« tants, à cette heure, d'une société monarchique,
« la loi vous commande de veiller à son salut. J'ad-
« mets aussi la réalité des dangers que court la mo-
« narchie; mais je le demande: Quels sont les moyens
« de les conjurer? Est-ce ici de frapper ou d'absoudre
« quelques jeunes gens, quelques sous-officiers, pour
« je ne sais quelles vaines paroles, quels insignifiants
« projets? Oh! sans doute, vous avez pu être émus
« un moment par cette irrésistible éloquence, dont
« le dernier cri cependant était un appel de mort!
« Pour moi, je ne veux opposer à l'entraînement
« des paroles qu'un témoignage impassible et irré-
« cusable, celui de l'histoire.

« Il fut une époque, en Angleterre, où l'on crut
« sauver la monarchie en sacrifiant des citoyens aux-
« quels on n'avait à reprocher aussi que des discours
« imprudents, que des pensées téméraires. Le sang
« coula à grands flots, et l'on a gardé le souvenir
« des campagnes de *Jefferyes.* Qu'en est-il résulté?
« Le nom de Jefferyes est devenu la plus cruelle in-
« jure; l'histoire a flétri les jurés de cette époque; le
« trône des Stuarts s'est écroulé. Messieurs les jurés,
« vous êtes tous bons royalistes, assurément; vous
« voulez, sans contredit, le salut de la royauté; mé-
« ditez, méditez l'histoire!... »

Vingt-trois accusés avaient comparu devant la
Cour d'assises; douze furent acquittés; sept furent
condamnés à un emprisonnement plus ou moins
long; quatre, les sergents Bories, Raoul, Pommier
et Goubin, subirent la peine de mort. Le sous-officier

qu'avait défendu H. Boulay ne fut condamné qu'à
deux ans de prison et à 500 fr. d'amende, minimum
de la peine[1] applicable alors à la non-révélation de
complot.

Pendant dix ans, H. Boulay fut le conseil du colonel Simon-Lorière, dont les pétitions adressées chaque année à la Chambre des députés y soulevèrent
de vifs débats. Le colonel avait été privé de son grade,
mis à la réforme sans traitement et rayé des cadres
de l'armée; et cela sans jugement, par une ordonnance du 6 septembre 1820, qu'avait contre-signée le
marquis Victor de Latour-Maubourg, ministre de la
guerre. Cette cause intéressait tous les officiers par
l'importance des questions qui s'y rattachaient. Les
consultations de H. Boulay et de son frère, alors
avocat, auxquelles adhérèrent les membres les plus
distingués du barreau de Paris, en établissant les
droits du colonel Simon-Lorière, contribuèrent à faire
reconnaître, sous la restauration, le principe de l'in-
violabilité des grades.

H. Boulay de la Meurthe se préparait par ses études
et ses travaux à suivre la carrière politique; mais il
ne voulait y entrer que par le suffrage de ses concitoyens, et il était résolu à n'accepter du gouvernement aucune fonction salariée.

A son retour en France, la charte constitutionnelle
de 1814 ne lui permettait pas de se présenter comme
candidat à la députation. L'âge pour l'électorat était
fixé à trente ans, et pour l'éligibilité à quarante[2].

1. Articles 103 et 108 du Code pénal, aujourd'hui abrogés.
2. Articles 38 et 40 de la Constitution du 4 juin 1814.

« Il crut devoir néanmoins, comme il le dit lui-
« même dans une note écrite de sa main, s'associer
« aux efforts réguliers que tentait l'opposition pour
« faire prévaloir et développer l'élément libéral de
« la constitution. Dès 1820, il fut appelé par ses
« concitoyens à remplir les fonctions de secrétaire
« du Comité électoral du 7ᵉ collége de Paris, qui
« comprenait les XIᵉ et XIIᵉ arrondissements muni-
« cipaux [1], et il s'acquitta pendant dix ans de cette
« mission. »

Les électeurs de ce collége, en assez grand nombre, offrirent trois fois à son père, en 1824, en 1827
et en 1828, la candidature pour la députation ; mais
celui-ci ne voulut pas l'accepter dans la crainte de
diviser les suffrages des amis de l'ordre et de la liberté. Leur union était d'autant plus nécessaire que
le gouvernement manifestait par le choix de ses ministres, par son langage et par ses actes, l'intention
de restreindre les droits politiques que la Charte avait
garantis à la nation.

Les députés de l'opposition et les principaux or-
ganes de la presse combattaient ces projets. Ils soutenaient que si le gouvernement tentait de les réaliser,
les contribuables auraient le droit de refuser le paye-
ment de l'impôt. La lutte devenait chaque jour plus
passionnée. En 1830, Charles X crut pouvoir la faire
cesser, en rendant les ordonnances du 25 juillet qui
suspendaient la liberté de la presse, qui prononçaient
la dissolution de la Chambre des députés, et qui chan-

---

1. Paris était alors divisé en douze arrondissements municipaux.

geaient les dispositions des lois relatives aux élections. Ces ordonnances, violant la Charte dont le roi avait solennellement juré le maintien, soulevèrent la population de Paris et de la France entière. Le jour où elles parurent, le 26 juillet, H. Boulay se trouvait, comme avocat, dans les bureaux du journal *le National*, où M. Thiers et les principaux écrivains des feuilles opposantes rédigèrent une protestation qui devint le signal de la résistance.

Le soir, à sept heures, cent vingt membres environ des comités électoraux de Paris se joignaient dans le même local aux rédacteurs de la protestation, aux membres les plus influents de la société *Aide-toi, le ciel t'aidera*, et à d'autres personnes appartenant à l'opposition. H. Boulay proposa à cette assemblée de déclarer, que la violation de la charte constitutionnelle autorisait les contribuables à ne plus payer l'impôt, qu'à cet effet, douze comités d'arrondissements et un comité central seraient formés à Paris, et que la garde nationale, dissoute depuis la revue du 29 avril 1827, devrait être réorganisée.

Ces propositions, qui tendaient à déterminer Charles X à changer son ministère et à retirer ses ordonnances, furent adoptées par acclamation.

L'assemblée fut d'avis que dès le lendemain elles fussent mises à exécution. Sur la demande de M. Mérilhou, l'un des assistants, elle nomma une commission chargée de la mettre en rapport avec des députés réunis chez l'un d'eux, M. de Laborde, afin de s'entendre sur la conduite qu'il conviendrait de suivre.

H. Boulay fut désigné avec MM. Mérilhou,

Gisquet et quelques autres membres de l'assemblée, pour faire partie de cette commission. Ils se rendirent aussitôt chez M. de Laborde, qui les invita à se présenter le lendemain chez M. Casimir Périer où ils devaient trouver un plus grand nombre de députés.

Le lendemain donc, 27 juillet, après avoir constitué avec quelques habitants notables du XIe arrondissement un comité pour le refus de l'impôt, H. Boulay alla ainsi que ses collègues de la commission nommée la veille dans les bureaux du *National*, chez M. Casimir Périer, où quarante députés environ s'étaient rassemblés. M. Mérilhou leur exposa l'objet de la mission qu'ils venaient remplir. Comme les députés gardaient le silence, H. Boulay le rompit en leur demandant : « Que répondrons-nous à ceux qui nous ont envoyés près de vous? » Il ajouta que les journalistes avaient pris l'initiative de la résistance par leur protestation, que les jeunes gens étaient prêts à verser leur sang pour défendre les députés, et que des milliers de citoyens résolus à refuser l'impôt, se disposaient à repousser la force par la force, si le gouvernement tentait d'y recourir.

Émus pas ces paroles, la plupart des députés s'écrièrent : « Répondez que nous ferons notre devoir !... »

Le soir du même jour, H. Boulay se rendait chez M. Cadet Gassicourt, rue Saint-Honoré, sous une grêle de balles que la garde royale faisait pleuvoir sur le peuple attroupé. Les partisans les plus énergiques de l'opposition étaient venus s'y concerter. Ils approuvèrent la proposition de refuser l'impôt, et de réorganiser la garde nationale.

Pour assurer l'exécution de ces mesures, ils formèrent un comité composé de douze membres, un par chaque arrondissement. H. Boulay fut choisi pour représenter le onzième. Le lendemain, 28 juillet, il allait rue Bleue, chez M. Gisquet, où les membres de ce comité étaient convoqués. Mais déjà le mode de résistance qu'il était question d'opposer aux ordonnances n'était plus possible ; le sang avait coulé et une insurrection générale venait d'éclater aux cris de vive la Charte. Un grand nombre d'anciens gardes nationaux avaient pris les armes spontanément ; H. Boulay considéra comme un devoir de marcher avec eux.

Le soir du 28, il était dans leurs rangs aux barricades du Pont-Neuf, et dans la matinée du 29, devant le Louvre et les Tuileries occupés par la garde royale, qui les abandonna bientôt pour se retirer sur Saint-Cloud, où le roi Charles X[1] n'essaya pas de défendre sa couronne et d'où il partit pour aller mourir en exil.

La lutte avait cessé, mais il importait de rétablir immédiatement l'ordre matériel qui venait d'être profondément troublé. Ce fut pour y concourir que, le 30 juillet, H. Boulay accepta de faire partie de la municipalité provisoire du XIe arrondissement, où il fut chargé de reconstituer la garde nationale. Il y mit une telle activité, qu'en huit jours, du 31 juillet au 7 août, la 11e légion, forte de 4000 hom-

---

1. Les détails qui précèdent, et qui sont relatifs aux 26, 27, 28 et 29 juillet 1830, sont extraits de notes trouvées dans les papiers de H. Boulay de la Meurthe.

mes, fut recomposée d'après les dispositions de la loi de 1791. Il en fut nommé lieutenant-colonel le 7 août, par le maire, et le 15 août par le roi Louis-Philippe, sur la proposition du général Lafayette, commandant en chef. Il venait de recevoir sa nomination, le 7 août, lorsqu'il fut appelé par un ordre de service au Corps législatif : c'était M. Georges de Lafayette, le fils du général, chargé de garder le Palais-Bourbon, qui l'invitait à s'y rendre avec un détachement. Il y conduisit aussitôt trois cents gardes nationaux réunis à la hâte; quelques compagnies appartenant à d'autres légions y arrivèrent successivement. La Chambre des députés délibérait sur une proposition de M. Bérard, l'un de ses membres, dont l'objet était de déclarer que le trône était vacant en fait et en droit, et que la charte de 1814 devait être revisée. Le bruit s'était répandu au dehors que la Chambre voulait maintenir la pairie telle qu'elle était constituée, quoique l'opinion publique se prononçât contre l'hérédité. Un attroupement qui en demandait l'abolition se pressait autour du Palais-Bourbon, mais aucun désordre ne se produisit, grâce aux mesures prises pour le préserver d'un envahissement, et grâce aux résolutions adoptées par la Chambre des députés, portant « que toutes les nomi-« nations et créations nouvelles de pairs faites sous « le règne du roi Charles X, étaient déclarées nulles « et non avenues, et que l'article 27 de la Charte « (concernant la pairie) serait soumis à un nouvel « examen dans la session de 1831[1]. »

---

1. Déclaration du 7 août 1830, *disposition particulière.*

Après avoir, dans la même séance du 7 août, mo-
difié la loi constitutionnelle, et invité M. le duc
d'Orléans à prendre le titre de roi des Français, sous
la condition de jurer l'observation de la Charte, la
Chambre des députés se rendit en corps au Palais-
Royal, au milieu d'un carré formé par des gardes
nationaux ayant à leur tête H. Boulay de la Meurthe
et deux autres officiers supérieurs. En leur présence,
le président de la Chambre, M. Laffitte, lut au roi le
procès-verbal de la séance. Dans le cours de la con-
versation qui suivit cette lecture, quelques députés
s'adressant à M. de Lafayette, qui tenait le bras de
H. Boulay, lui demandèrent si le gouvernement, tel
qu'il serait constitué, ne vaudrait pas une république :
« J'espère bien qu'il en sera une, » répondit M. de
Lafayette. Depuis son retour d'Amérique il désirait
voir établir en France ce régime politique si peu
conforme aux mœurs de la nation[1].

Cette espérance fut en partie réalisée. La royauté
de juillet, s'appuyant presque exclusivement sur la
bourgeoisie, fut, comme on l'a dit, entourée d'institutions républicaines, mais ne put devenir la monarchie parlementaire telle que la possède le peuple an-
glais ; elle manquait d'un des éléments essentiels à
cette espèce de gouvernement, l'élément aristocra-
tique. Jusqu'à sa chute, elle fut exposée à des crises
presque continuelles. Une des plus graves éclata à
l'occasion du procès des ministres de Charles X, au
mois de décembre 1830. Ils avaient été transférés
au palais du Luxembourg, où ils devaient être jugés

1. Récit de H. Boulay à l'auteur de cette notice.

par la Chambre des pairs. Le général Lafayette, justement préoccupé de la crainte que le peuple irrité ne se portât à des actes de violence contre leur personne, avait réuni les chefs des légions de Paris pour aviser aux mesures à prendre.

H. Boulay de la Meurthe déclara qu'il se ferait tuer sur le seuil de la prison des accusés plutôt que de la laisser envahir; son colonel, M. le comte de Sussy, s'exprima avec la même énergie. La 11e légion, placée sous leur commandement, avait dans sa circonscription le palais du Luxembourg, et devait ainsi être spécialement chargée de réprimer les désordres que l'on avait lieu de redouter. Elle fut en effet constamment sous les armes pendant la durée du procès, du 15 au 21 décembre. Les premiers jours se passèrent dans un calme apparent; mais le 19, entre quatre et cinq heures du soir, des bandes tumultueuses se dirigèrent vers le palais de la Chambre des pairs, menaçant d'y pénétrer. Elles ne furent repoussées qu'après une vive résistance. M. le colonel de Sussy, renversé dans la rue de l'Odéon par la violence des coups qu'il reçut dans la poitrine, fut obligé de se retirer; il remit à H. Boulay, qui se tenait à ses côtés, le commandement de la légion, et il le lui laissa jusqu'à la fin du procès. Le dernier jour, entre neuf et dix heures du soir, le bruit se répandit que les ministres étaient condamnés à mort. Cette rumeur fut accueillie comme l'annonce d'un acte de justice dans les rangs de la garde nationale, qui les rendait responsables du sang versé pendant les journées de juillet. Peu de moments après, lorsqu'on apprit que la peine la plus forte qui eût été prononcée était la mort civile, qu'elle ne l'avait été que contre le prince de Polignac, que ses collègues devaient subir un emprisonnement perpétuel, et que dès cinq heures du soir ils avaient été conduits à Vincennes par le ministre de l'intérieur, M. de Montalivet, un vif mécontentement se propagea dans les mêmes rangs.

Des gardes nationaux appartenant à diverses légions abandonnèrent les postes qui leur étaient confiés aux environs du Luxembourg, en disant qu'ils allaient protéger leurs familles contre une nouvelle révolution. Un bataillon de la 2ᵉ légion, de service dans l'intérieur du palais, donna l'exemple de la retraite sous les yeux même du général Lafayette. Pour le remplacer, H. Boulay amena le premier bataillon de la 11ᵉ légion qui stationnait sur la place Saint-Sulpice ; une partie occupa par ses ordres le théâtre de l'Odéon, l'autre partie la cour du Luxembourg ; mais pendant la nuit, la désertion fut telle, que le lendemain matin, il ne restait plus du bataillon que trente-huit grenadiers avec leur capitaine, les deux commandants, et le frère de H. Boulay qui s'était joint spontanément à eux dans une circonstance aussi critique[1]. Vers sept heures, un attroupement considérable se forma dans la rue de Tournon, criant : *à bas les pairs, mort aux ministres !* et se disposant à envahir le palais. Outre les trente-huit grenadiers, il se trouvait dans la cour une compagnie d'infanterie sous les ordres du colonel Feisthamel, chargé pen-

1. M. Tiphaine, MM. d'Herbelot et Harel, et l'auteur de cette notice.

dant le procès du commandement au Luxembourg. Mais les officiers de cette compagnie avaient déclaré qu'ils ne pourraient compter sur leurs soldats qu'autant que les gardes nationaux marcheraient à leur tête. Depuis la révolution de juillet, le gouvernement avait évité de mettre les troupes de ligne en présence de la population. Trois heures s'écoulèrent, durant lesquelles une attaque était imminente. H. Boulay en avait profité pour envoyer des tambours, de maison en maison, avec ordre de presser les gardes nationaux de venir défendre le palais; deux à trois cents répondirent à cet appel, et lorsque vers dix heures du matin un bataillon de la 10ᵉ légion vint prendre son tour de service, de concert avec le colonel Feisthamel il réunit en colonne les gardes nationaux et les soldats de la ligne, il se mit à leur tête et il repoussa l'attroupement jusqu'au Pont-Neuf.

Par cette sortie vigoureuse, le palais de la Chambre des pairs fut préservé de la dévastation, et Paris d'une crise révolutionnaire. H. Boulay ne montra pas moins de fermeté lorsque éclata l'émeute des 13 et 14 février 1831, à l'occasion du service funèbre célébré à Saint-Germain l'Auxerrois, en commémoration de l'assassinat de M. le duc de Berry. Un rassemblement s'était porté dans l'église, et il y avait commis des actes de vandalisme.

Le soir, un détachement de la 11ᵉ légion, sous les ordres de H. Boulay, auquel se joignit un autre détachement de la 10ᵉ, commandé par son colonel le comte Lemercier, dispersa le même rassemblement qui se dirigeait vers Notre-Dame. L'État-major de la garde nationale négligea d'en faire garder les abords pendant la nuit. Dès le matin, le palais de l'archevêché adossé à la cathédrale put être envahi, et livré au pillage et à la destruction. Un ordre avait été donné à H. Boulay de réunir un bataillon de la 11e légion devant Saint-Sulpice pour défendre, s'il y avait lieu, le séminaire, situé sur la place. Vers midi, comme aucune tentative ne paraissait à craindre contre cet édifice, et que la cathédrale était de nouveau menacée, H. Boulay crut devoir conduire le bataillon au parvis de Notre-Dame. La foule l'encombrait et arrêtait dans ses mouvements un bataillon de la 12e légion : il parvint à le dégager. Suivi alors d'un escadron de gardes nationaux à cheval et de quelques troupes de ligne réunies au bataillon qu'il commandait, il fit le tour de l'église, poussant cette masse compacte devant lui.

Sur les quais de la rive droite de la Seine, quelques émeutiers revêtus de chasubles enlevées à l'archevêché parodiaient les chants religieux; d'autres montés sur le toit de l'église travaillaient à renverser la croix qui le dominait. Les nombreux assistants, qui prenaient plaisir à ce spectacle scandaleux, ne voulurent se retirer qu'après que la croix eut été abattue; ils en accueillirent la chute par de bruyants applaudissements, et depuis ce moment ils opposèrent moins de résistance.

La colonne à la tête de laquelle marchait H. Boulay réussit enfin à faire refluer la foule jusqu'au parvis de Notre-Dame, et assez à temps pour empêcher les émeutiers d'enfoncer les portes de l'église, contre lesquelles ils faisaient mouvoir des poutres en forme de béliers. Ces scènes de désordre se passaient le mardi gras, tandis que les boulevards étaient comme tous les ans, à pareil jour, parcourus gaiement par des milliers de promeneurs. Paris offrait ainsi, sur deux points différents, le plus étrange contraste.

L'année suivante fut troublée par une sanglante insurrection qui commença le 5 juin, aux obsèques du général Lamarque, et qui se prolongea dans la journée du 6 et fit mettre Paris en état de siége. Elle se fit aux cris de : Vive la République. Le roi Louis-Philippe, revenu de Saint-Cloud dans la soirée du 5, monta à cheval le 6, avec le ministre de la guerre, M. le maréchal Soult, et ne craignit pas d'affronter les balles des insurgés. H. Boulay, qui commandait la 11ᵉ légion, en l'absence de M. le comte de Sussy souffrant encore des suites de sa blessure, parvint, sans effusion de sang, à comprimer l'émeute dans le XIᵉ arrondissement. Ce quartier était l'un des plus exposés au désordre, à cause de la turbulence des Écoles, et du voisinage du faubourg Saint-Marceau, dont une partie de la population ne se laissait que trop facilement entraîner.

Un des bataillons de la 11ᵉ légion concourut le même jour à la prise d'une maison sise rue Saint-Martin, en face de la rue Aubry-le-Boucher, que les insurgés défendaient avec opiniâtreté.

Dans toutes les autres circonstances où la tranquillité publique fut compromise, H. Boulay fit preuve pour la rétablir de la même résolution. Aussi, après avoir été nommé cinq fois lieutenant-colonel de la 11ᵉ légion, il en devint colonel le 24 avril 1837, à la mort de M. le comte de Sussy.

Lorsqu'il lui fit rendre les honneurs funèbres, il y ajouta un dernier hommage dans un ordre du jour : « La douleur, disait-il, plus encore que le devoir « conduira la légion tout entière au convoi de celui « qui la commanda pendant sept ans, que ses suf- « frages et le choix du roi venaient pour la quatrième « fois de placer à sa tête, qui s'y fit blesser avec cou- « rage, et qui par sa bienveillance en avait fait une « seule famille. »

Comme M. de Sussy, H. Boulay s'attachait à maintenir l'union parmi les gardes nationaux. Aux obsèques des officiers qui s'étaient distingués par leur patriotisme, il rappelait sur leur tombe les services qu'ils avaient rendus[1]. C'est ainsi que, devenu vice-président de la République, il fit l'éloge de l'ancien lieutenant-colonel de sa légion.

La discipline et l'instruction qui régnaient dans la 11e légion, faisaient dire au commandant en chef de la garde nationale, le maréchal comte de Lobau, renommé par son habileté à faire manœuvrer les troupes, autant que par son courage, que si H. Boulay faisait trois mois de campagne, il serait un des meilleurs colonels de l'armée. Il en exerça les fonctions dans la garde nationale, jusqu'au mois d'avril 1848, lorsqu'il fut remplacé par M. le professeur Edgard Quinet, dans une élection où prévalurent les passions politiques de l'époque.

Dépossédé du commandement, il rentra dans les

---

1. Obsèques du major Conseil, 12 avril 1837, du capitaine Marché, 1er avril 1842, du lieutenant colonel Carlhian, 12 février 1849.

2

rangs comme simple garde, et il écrivit aussitôt au nouveau colonel : « Vous l'avez emporté sur moi, « c'est avec cordialité que je vous en félicite : je suis « dès à présent prêt à faire mon service comme « soldat garde national. Si vous pensez que mon « expérience, après dix-huit ans bientôt de comman- « dement, peut être utilement consultée, vous me « trouverez à cet effet entièrement à votre dispo- « sition.... »

— « La lettre loyale, lui répondit M. Quinet, par « laquelle vous me permettez de compter sur votre « concours m'a pénétré des plus vifs sentiments d'es- « time et de gratitude pour celui qui l'a écrite... »

Ce désintéressement de la part de H. Boulay n'a- vait rien d'étonnant pour qui le connaissait : « Le « propre de son caractère, *était le dévouement à la* « *chose publique*[1]. » Il en a donné des preuves dans les diverses positions, modestes ou élevées, qu'il a occupées.

Il s'était associé au Comité polonais, existant alors à Paris; « parce qu'en servant, disait-il, la cause de « l'indépendance polonaise, il croyait encore servir « celle de notre propre indépendance[2]. » Lorsque le choléra-morbus, qui avait envahi une partie de l'Eu- rope, s'approchait de la France, et que l'Administra- tion prenait des mesures contre ce fléau, le Préfet de la Seine, M. Odilon Barrot, nomma, le 9 novembre 1831,

1. M. Godard de Saponay, Notice lue dans la séance générale de la Société élémentaire du 19 juin 1859, p. 8, et imprimée aux frais de la Société.

2. Circulaire aux électeurs de l'arrondissement de Lunéville, 29 juillet 1833.

H. Boulay président de la Commission sanitaire du quartier du Luxembourg. Divers travaux d'assainissement y furent exécutés par les soins de cette Commission. Pendant la durée de l'épidémie, un bureau de secours fut établi dans les bâtiments du séminaire de Saint-Sulpice, et la direction en fut confiée à H. Boulay. Cette société, composée de médecins, de pharmaciens et de citoyens notables, qui lui donnaient volontairement leur concours, put soulager 4 500 malades. En 1832, H. Boulay a publié un précis des travaux de la Commission sanitaire et des services rendus par le bureau de secours. Cet écrit, pour lequel leurs membres lui votèrent des remerciments, et qu'ils firent imprimer par souscription, obtint l'assentiment de la presse et il fut vendu au profit des orphelins. L'auteur en rendant un juste hommage au zèle charitable des autres, avait gardé le silence sur lui-même ; mais il ne fut point oublié par ses concitoyens. Le 8 mars 1833, il reçut de la Ville de Paris la médaille qu'elle décerna aux personnes qui s'étaient fait remarquer par leur courage pendant . l'épidémie.

Il avait accepté aussi les fonctions d'administrateur de la caisse d'épargne du XI\ arrondissement. Il considérait cette institution comme étant de nature à inspirer aux ouvriers le goût de l'économie, et à leur procurer les moyens de s'assurer l'aisance.

Délégué en 1836[1], par M. le préfet de la Seine, pour présider à la distribution des prix de l'école

---

1. 28 août.

gratuite de dessin fondée pour leur instruction par
M. Dupuis, il saisit cette occasion pour les entretenir
des « institutions placées par la société à tous les
« échelons de leur vie, afin de développer en eux et
« l'intelligence et le sens moral. »

« Au sortir du berceau, disait-il, vous disputant
« en quelque sorte au sein qui vous a nourris, elle
« vous recueille dans ces touchants asiles de l'en-
« fance, abris pleins de charmes, où vous trouvez la
« sûreté, première école; où, sous une discipline tu-
« télaire, vous croissez tout à la fois pour le bien,
« pour vos familles, pour vous-mêmes, pour la pa-
« trie. Là s'écoulent avec fruit vos plus jeunes années,
« à l'issue desquelles d'autres écoles vous appellent,
« où vous acquérez ces connaissances élémentaires,
« indispensables à celui qui aspire à tenir sa place
« dans notre civilisation. Plus tard, quand est venu
« l'âge de l'adolescence jusqu'à l'âge le plus avancé,
« si la fatalité vous condamne jusque-là à l'igno-
« rance, pour en chasser la lèpre, s'offrent à vous de
« tous côtés des classes spéciales où commence le
« travail scolaire à l'heure où finit le travail manuel.
« A côté de ces institutions destinées à combler les
« lacunes de votre éducation première, s'en ouvrent
« d'autres, dirigées presque toutes par des amis sin-
« cères et désintéressés de l'instruction du peuple,
« où vous pouvez perfectionner vos connaissances
« déjà acquises, où vous pouvez en acquérir de nou-
« velles plus particulièrement propres aux industries
« que vous exercez. C'est parmi ces dernières écoles
« que se place celle que vous fréquentez.

« Vous le voyez, mes chers camarades, pour tous

« les âges de votre vie la société a des bienfaits ;...
« — aimez-la donc, cette société si pleine d'amour
« pour vous... etc. »

Ces paroles, inspirées par une véritable philanthropie, servaient à entretenir l'union parmi tous les citoyens. Mais plus tard d'ambitieux sophistes, abu-
sant de la crédulité des ouvriers, ont excité dans leur
âme la haine, l'envie et la convoitise ; et l'on a vu
de nos jours quelles en ont été les funestes consé-
quences !

Les titres de H. Boulay de la Meurthe à l'estime
publique, l'avaient fait nommer, en 1834, par les
électeurs de son arrondissement, membre du Conseil
municipal de Paris : ces fonctions se cumulaient avec
celles de membre du Conseil général de la Seine.
Pendant les quatorze années qu'il siégea en cette double qualité, il apporta la collaboration la plus utile.
Parmi les nombreux travaux dont il fut chargé, on a
surtout remarqué le rapport qu'il fit le 21 juin 1839,
sur le monument élevé à Molière[1], d'après le plan du
célèbre architecte Visconti, avec le concours des
fonds que l'État et la Ville de Paris ajoutaient au
produit d'une souscription provoquée par M. Ré-
gnier, l'un des sociétaires du Théâtre-Français.

H. Boulay exposait que Paris n'avait pas encore
suivi l'exemple des villes qui avaient érigé des monu-
ments aux hommes nés dans leur sein et qui se sont
illustrés dans la carrière des lettres ; que cependant
« Molière était Parisien par sa famille, par sa nais-

1. Monument situé à l'angle des deux rues de Richelieu et de
la Fontaine-Molière.

« sance, par sa vie, par sa mort, par ses études, par
« son art, par ses chefs-d'œuvre, et que sa gloire, en
« un mot, n'avait pas un rayon qui ne brillât sur
« Paris[1]. »

On peut encore mentionner un rapport du 13 août
1841 sur le commerce de la boucherie. Toutes les
questions qui s'y réfèrent y sont examinées avec un
soin qui a valu à cet utile document d'être réim
primé plusieurs fois et même d'être traduit à l'étran
ger.

D'autres rapports sont des œuvres d'érudition : ils
ont eu pour objet de faire acquérir le palais des Thermes par la ville de Paris, et de fixer sa part contri-
butive à la fondation d'un musée d'antiquités natio-
nales dans ce palais et dans l'hôtel de Cluny[2]. Ces
deux mémoires avaient exigé de nombreuses recherches historiques et archéologiques, que M. Dusome-
rard, dans son ouvrage sur *les Arts au moyen âge*,
appréciait en ces termes si favorables : « Dans ce beau
« travail, dont nous avons vu le manuscrit, l'intérêt
« historique habilement développé est venu en aide
« à celui de l'art[3], etc., etc. »

En 1836, il s'était rendu l'interprète des habitants
qui réclamaient pour la rive gauche de la Seine, la
construction d'une ligne ferrée entre Paris et Ver-
sailles : il les avait aidés à en obtenir l'établissement.
On ne se rappelle point encore sans effroi la catastrophe survenue le 8 mai 1842 sur ce chemin. Au

1. Notice sur le monument érigé à la gloire de Molière, p. 23.
2. Séances du 5 août 1836 et du 27 janvier 1843.
3. Notice sur l'hôtel de Cluny, p. 12.

nombre des victimes, était un jeune homme nommé
Bouchard, né à Nancy, pensionné par cette ville, que
la Société pour l'Instruction élémentaire avait pris
sous sa protection, et à qui son aptitude pour la
peinture faisait présager un brillant avenir. H. Boulay de la Meurthe, sous le patronage duquel il était
placé, prononça sur sa tombe de touchantes paroles,
qu'il terminait par cette pensée religieuse : « Une
« épouvantable catastrophe a jeté dans les âmes un
« effroi et des angoisses ignorées jusqu'ici.... Plus
« d'un juste sans doute a trouvé dans ce désastre
« un lamentable trépas. Inclinons-nous devant les
« décrets de la Providence, et reportons toutes
« nos pensées, tout notre espoir vers un autre
« monde. »

L'intérêt que ce jeune homme inspirait à H. Boulay, tenait à ce que, dans son enfance, il était par-
venu, par son travail et sa conduite, au grade de
moniteur général dans une école communale.

H. Boulay, comme il l'a dit lui-même dans une
lettre écrite à l'un de ses amis[1], « ne trouvait rien de
« plus moral, de plus religieux, de plus philanthro-
« pique, de plus libéral, de plus progressif, que l'édu-
« cation populaire. » Le désir de la propager était
chez lui une véritable vocation dont le germe s'était
développé dès sa jeunesse.

Il se plaisait à visiter les écoles d'enseignement
mutuel, « dont la création remonte aux Cent jours,
« sous le ministère de Carnot, et dont le système a

---

1. Extrait de cette lettre, citée dans la Notice nécrologique de
M. Godard de Saponay, p. 10.

« été le signal de la réforme et du progrès dans
« l'instruction primaire[1]. »

Les détracteurs de Napoléon Ier n'ont pas craint de
prétendre qu'il avait, à dessein, négligé l'éducation
du peuple.

Cette assertion mensongère trouve sa réfutation
dans le décret du 17 mars 1808, constitutif de
l'Université. Les articles 107, 108 et 109 sont con-
sacrés à l'instruction primaire, dont l'enseignement
était confié à des instituteurs laïques ou aux frères
des Écoles chrétiennes que le grand maître « devait
« *breveter* et *encourager*. Les supérieurs de ces con-
« grégations pouvaient être membres de l'Univer-
« sité. »

Dans un discours prononcé devant la Société pour
l'Instruction élémentaire, le 4 juillet 1852, H. Boulay, président de cette Société, a prouvé par divers
actes législatifs de Napoléon Ier, que l'instruction publique, à tous les degrés, était une de ses constantes préoccupations. Ainsi pendant les Cent jours, un
décret du 27 avril 1815 ordonnait au ministre de
l'intérieur Carnot, « d'appeler près de lui les person-
« nes[2] qui méritaient d'être consultées sur les meil-
« leures méthodes d'instruction primaire; et après
« avoir examiné celles qu'il jugerait devoir être pré-
« férées, d'ouvrir à Paris une école d'essai d'éduca-
« tion primaire, organisée de manière à pouvoir

---

1. Extrait d'une note de H. Boulay.
2. Le ministre appela près de lui MM. de Laborde, l'abbé
Gaultier, Jomard, Charles de Lasteyrie, de Gerando, Frédéric
Cuvier et J. B. Say.

« servir de modèle et à devenir une école normale
« pour former des instituteurs primaires. » Le décret
ajoutait : « qu'après qu'il aurait été obtenu des ré-
« sultats satisfaisants de l'école d'essai, le ministre
« proposerait à l'Empereur les mesures propres à faire
« promptement jouir les départements des avantages
« des nouvelles méthodes qui auraient été adoptées. »

Cette école d'essai, a dit H. Boulay dans son
discours, était « cette même école d'enseignement
« mutuel, la première qui ait existé en France....
« Les résultats qui y furent obtenus déterminèrent
« l'adoption de la méthode qui y était pratiquée....
« et qui fut la cause de la réforme si heureusement
« opérée dans l'instruction élémentaire. »

Il rappelait[1] encore que le prince archi-trésorier
Lebrun, grand-maître de l'Université pendant les Cent
jours, voulait, d'accord avec Napoléon Ier, que les principes du Code civil fussent enseignés dans les écoles
primaires.

H. Boulay, pour satisfaire à la passion qu'il éprou-
vait de répandre dans le peuple le bienfait de l'éducation, se fit recevoir, le 28 novembre 1827, membre
de la Société pour l'Instruction élémentaire. Il y fut
admis sous les auspices d'un vénérable vieillard,
M. Basset, l'un de ses fondateurs. Aux funérailles de
cet homme de bien, qui avait consacré sa vie à l'œuvre de l'instruction primaire, H. Boulay honora sa
mémoire, en prenant sur sa tombe l'engagement d'en
poursuivre l'accomplissement, promesse que plus de

---

1. Voyez les numéros Avril-Mai 1855 du *Journal d'Éducation populaire*.

vingt ans après, en 1849, étant vice-président de la République, il renouvelait aux obsèques de M. Charles de Lasteyrie. Il avait voulu connaître le système de l'enseignement mutuel dans tous ses détails, et il avait suivi un cours normal, afin de s'en rendre un compte exact, au double point de vue du maître et de l'élève. Il s'était préparé ainsi à faire introduire dans cette méthode les perfectionnements dont elle lui paraîtrait susceptible.

Le 14 septembre 1830, il était nommé par le préfet de la Seine, M. Odilon Barrot, membre du Conseil de l'instruction primaire du département. Le 17 septembre suivant, il devenait membre de la Commission spéciale du XIe arrondissement, puis inspecteur délégué du onzième Comité local, fonction qu'il ne cessa d'exercer qu'en 1834, lorsqu'il fut élu membre du Conseil municipal de Paris. Par cette position, il était de droit membre du Comité central du département. Il devint, en 1841, secrétaire de ce comité. Ce fut sur un rapport qu'il fit au Conseil municipal, le 6 mars 1835, que l'enseignement du chant d'après le système de Wilhem fut officiellement introduit dans les écoles communales de la ville de Paris. Dans cet exposé, où l'érudition s'unissait au raisonnement, il démontrait que l'enseignement vocal était dans le vœu de la loi du 28 juin 1833, et qu'il importait de l'adopter à cause de l'influence morale qu'il exerçait sur les enfants[1].

---

1. Il avait conçu pour Wilhem autant d'affection que d'estime, et il a réuni dans un volume manuscrit tous les documents propres à faire connaître ses qualités personnelles et les services dont on lui est redevable.

Ce fut aussi sur un de ses rapports que le Comité central prit, le 6 janvier 1848, un arrêté pour prescrire la gymnastique dans les écoles de Paris.

Ce n'était pas seulement aux écoles de la capitale qu'il s'intéressait, c'était à celles de la France entière. Partisan de la liberté dans l'instruction, il approuvait la loi du 28 juin 1833, de « n'avoir fait aucune « espèce de distinction entre les instituteurs laïques « et les instituteurs congréganistes, de les avoir pla- « cés dans des conditions égales, et d'avoir ainsi « créé entre eux une émulation, une concurrence, « qui avaient tourné au profit de l'instruction pri- « maire [1]. »

Membre de la Société de Mirecourt, il a publié, en 1833, une *Notice historique, statistique et normale* de l'enseignement primaire dans cet arrondissement, où il a été élu député quelques années après.

La Société pour l'instruction élémentaire dont il a fait partie jusqu'à sa mort, et dont il a continué à partager les travaux, même pendant la vice-présidence de la République, n'a pas cessé de lui témoigner sa confiance, en le nommant trois fois secrétaire général, cinq fois vice-président, cinq autres fois président, et enfin président honoraire. Peu de mois avant de mourir, il communiquait, le 14 juillet 1858, au Conseil d'administration de cette Société, une notice sur les écoles qu'elle avait fondées à Paris; il y émettait le vœu que sous son patronage, la Ville remplaçât les écoles de la Halle aux Draps, dont un incendie avait détruit les bâtiments, par un établissement où se-

1. Discours du 26 mai 1846, à la Chambre des députés.

raient réunis les divers cours que comprend l'enseignement primaire. Cet établissement devait porter le nom de Napoléon, pour rappeler les bienfaits dont l'instruction populaire est redevable à l'empereur Napoléon Ier et à l'empereur Napoléon III.

Les rapports faits par H. Boulay de la Meurthe, soit à cette Société, soit au Comité central de la Ville de Paris, et qui ont eu pour objet l'état de l'instruction, l'amélioration du sort des instituteurs, le choix des méthodes et des livres, enfin tout ce qui peut contribuer à la propagation de l'éducation du peuple composeraient plusieurs volumes, s'ils étaient réunis. On peut s'en convaincre en jetant les yeux sur les bulletins imprimés de la Société.

« Le nom de Boulay de la Meurthe, a dit un « biographe, est inséparable de tous les progrès « qu'a faits depuis vingt ans l'enseignement élémen- « taire [1]. »

Tous ses efforts tendaient à éclairer et à moraliser les populations des villes et des campagnes, et à augmenter ainsi leur bien-être.

En 1833 [2], la Société d'émulation du département des Vosges, et en 1834, la Société des sciences, lettres, arts et agriculture de Nancy, l'avaient nommé membre correspondant, lui témoignant ainsi l'estime que leur inspiraient son caractère et ses travaux. Ses relations avec ces deux Sociétés se sont prolongées jusqu'à la fin de sa vie. Celle d'émulation des Vosges l'avait même délégué comme son représentant pour

1. *Biographie des membres du Sénat.*
2. 21 novembre 1833, 22 mai 1834.

les sessions de 1844 et de 1846 du Congrès agricole tenu à Paris.

H. Boulay de la Meurthe aspirait à la vie politique, mais il n'ambitionnait que les fonctions électives, et il ne voulait en accepter aucune qui fût salariée. Il le déclarait dans les professions de foi qu'il adressait aux électeurs du septième collége électoral de Paris, lorsqu'il se présentait en 1830 et en 1831 comme candidat à la députation. Il pensait que les membres de la Chambre élective devaient être entièrement indépendants. Il se prononçait pour la monarchie représentative, « seule forme de gouvernement, disait-il, qui, dans l'intérêt surtout de la liberté, convienne à notre pays... [1]»

Il obtint un grand nombre de suffrages; mais il n'atteignit pas à la majorité.

Des électeurs de l'arrondissement de Mirecourt (Vosges) lui avaient également, en 1831, offert la candidature de cette circonscription. Sa réponse avait été une profession de foi analogue : « J'aime la li-« berté, non pas celle qui se plaît à la licence, ou « qui serait une arme aux mains d'un parti contraire, « mais celle qui est réglée par les lois, qui est pure, « féconde, bienfaisante, qui est également le patri-« moine et l'égide de tous.

« J'aime, je chéris mon pays!... — J'ai voulu lui « dévouer mon existence; autant que je l'ai pu, je « l'ai fait. »

Il ne put réussir au scrutin; mais il ne fut pas oublié par les électeurs de Mirecourt, qui lui té-

1. Lettre du 27 juin 1831.

moignèrent leur confiance quelques années plus tard, par trois nominations successives. — En 1833 et en 1834, il ne fut pas plus heureux dans l'arrondissement de Lunéville (Meurthe), où sa candidature échoua à une faible minorité. Mais en 1837, il y fut élu député[1]. Invité quelques jours après (le 12 novembre), à un banquet, par les électeurs de Mirecourt, qui lui portèrent un toast, il prit la parole pour leur en témoigner sa reconnaissance. Entraîné à la fin de son discours par une vive émotion : « Mon « bonheur, s'écria-t-il, est au comble ! Me voilà traité « comme un fils par les Vosges où naquit mon père ! « Me voilà l'élu de la Meurthe, qui adopta mon père !... « O mon père, je t'en remercie ; car c'est à toi, au « souvenir de tes travaux et de tes services, à l'in- « fluence de tes vertus, à ton nom respecté, que je dois « tant d'honneur ! Ces palmes, ces couronnes, je les « dépose à tes pieds. C'est un rayon de bonheur qui « va luire dans ta retraite ! C'est une auréole sur ta « tête blanchie ! C'est la récompense qu'attendait ta « vieillesse ! Elle t'est décernée par tes concitoyens « dans la personne de ton fils ! Elle est la plus digne « de toi ! » Ces paroles furent couvertes d'applaudissements.

Le ministère, présidé par M. le comte Molé, sous lequel s'étaient faites les élections, venait de proclamer une amnistie pour les délits politiques, et un système de *réconciliation*. H. Boulay s'était déclaré son partisan, sous ce rapport, quoiqu'il n'approuvât pas entièrement sa conduite politique. Il prit place

---

1. 5 novembre.

au centre gauche de l'Assemblée, où siégeaient des députés indépendants et amis de la liberté, comme il l'était lui même; mais où se trouvaient aussi des ambitieux qui n'attaquaient les ministres que dans le désir de les remplacer, et qui, pour y parvenir, s'entendaient avec les membres de l'opposition anti-dynastique, et préparaient ainsi la chute de la monarchie de Juillet.

Ce fut à la fin de la session de 1839, que les adversaires du ministère, et les ennemis de la royauté, se coalisèrent contre M. le comte Molé et ses collègues, sous le prétexte qu'ils laissaient le roi gouverner personnellement, et qu'ils méconnaissaient ainsi le principe du régime parlementaire. Peut-être les ministres auraient-ils dû se retirer pour éviter la crise politique qui allait ébranler le trône; mais ils préférèrent soutenir la lutte que leurs adversaires engagèrent sur le projet d'adresse en réponse au discours de la couronne.

Ils triomphèrent, mais seulement avec quelques voix de majorité; et après avoir donné leurs démissions et repris leurs portefeuilles, ils commirent la faute de dissoudre la Chambre des députés dans les circonstances les plus défavorables. H. Boulay en demandant aux électeurs de l'arrondissement de Lunéville un nouveau mandat s'exprimait avec sévérité:

« Il n'a fallu rien moins que la dissolution pour
« achever de m'ouvrir les yeux sur le ministère du
« 15 avril. L'amnistie lui avait conquis mon adhésion.
« Quoique j'eusse gravement à me plaindre de lui
« dans les élections dernières, j'avais fait taire mon
« mécontentement personnel, et j'étais disposé à le

« soutenir pendant toute la session de 1838; bien que
« je dusse voter quelquefois contre lui, j'ai souhaité
« sa conservation. Dans l'intervalle des deux sessions,
« je n'ai pas désiré sa chute. Au commencement de
« celle qui vient de durer si peu, je me serais con-
« tenté d'une modification. Enfin, lorsque se dérou-
« lait à nos yeux le tableau de ses erreurs, tout en
« les déplorant, je croyais encore à ses bonnes inten-
« tions.

« La dissolution lui a fait perdre toute ma con-
« fiance... »

Quoiqu'il résultât de ces paroles la preuve que, si
H. Boulay avait souvent différé d'opinion avec le ministère, il ne lui avait pas été systématiquement op-
posé, il ne fut pas réélu. Mais en 1842[1], il fut renvoyé à la Chambre des députés par l'arrondissement
de Mirecourt, dans les Vosges. Son père était né dans
ce département, il y avait trouvé un asile contre la
proscription en 1793, et il y avait laissé un nom respecté, dont les services de H. Boulay et son attachement aux intérêts du pays perpétuaient le souvenir. Aussi, lorsqu'il s'y représenta comme candidat,
il obtint la majorité des suffrages, qui lui fut également acquise aux élections de 1846 et à celles de 1848.

Une question à laquelle le département des Vosges
attachait une grande importance provoquait depuis
1830 ses réclamations.

Le 16 ventôse an VIII, les consuls de la République avaient pris un arrêté portant[2] :

---

1. 10 juillet.
2. L'arrêté fut communiqué au Corps législatif par M. Boulay

Art. 1er. « Le département qui, à la fin de germi-
« nal, aura payé la plus forte partie de ses contribu-
« tions, sera proclamé comme ayant bien mérité
« de la patrie.

« Son nom sera donné à la principale place de
« Paris. »

Cet honneur fut décerné par les consuls au département des Vosges ; et en conséquence, son nom fut
donné à la place appelée precédemment Royale.
En 1814, le gouvernement de la Restauration rendit à cette place son ancienne dénomination, sans
tenir compte de la décision de l'an VIII. Après la
révolution de 1830, le Conseil général des Vosges ne
cessa de demander que cet arrêté fût remis à exécution ; il ne put néanmoins l'obtenir qu'au mois de mars
1848 [1].

H. Boulay, dans le Conseil général de la Seine,
s'était fait le défenseur du département des Vosges,
et il avait réuni tous les documents qui établissaient
ses droits. Il les a publiés dans une notice qui con-
tient les détails historiques de l'affaire [2].

Lorsqu'en 1838, il vint pour la première fois siéger
à la Chambre des députés, « il voulut, comme il le
« dit lui-même [3], se borner pendant la plus grande
« partie de la session, au rôle de simple auditeur,
« afin d'étudier la Chambre. Dans les six dernières

de la Meurthe, alors président de la section de législation au Conseil d'État.

1. Arrêté du maire de Paris du 14 mars 1848.

2. Notice sur la place des Vosges à Paris. Juillet 1848.

3. Compte rendu aux électeurs de l'arrondissement de Lunéville.

« semaines, il présenta des observations contre l'abus
« des défrichements de bois, et il prit part à la dis-
« cussion du canal de la Marne au Rhin et à celle
« du budget de l'instruction publique. »

En 1839, il n'intervint pas dans les débats sur le
projet d'adresse, œuvre du centre gauche de l'Assemblée, et que soutenait la coalition formée contre
le ministère ; mais il l'appuya de ses votes émis
consciencieusement, et sans opposition prémé-
ditée.

Pendant plusieurs sessions, des pétitions avaient
été adressées à la Chambre des députés pour obtenir
le retrait des lois de bannissement rendues contre la
famille de l'empereur Napoléon Ier ; elles avaient toujours été repoussées par l'ordre du jour. Les deux
entreprises de Strasbourg et de Boulogne, formées
par le prince Louis-Napoléon pour revendiquer les
droits de sa famille à la couronne, en les soumettant
toutefois à un appel au peuple[1], étaient invoquées
contre les pétitionnaires. Malgré les votes défavorables de la Chambre, une nouvelle pétition, dont un
sieur Lhuilier était l'auteur, lui fut envoyée après les
élections de 1842.

Dans la séance du 18 mars 1843, le rapporteur
venait de proposer l'ordre du jour, se fondant sur
les précédents, lorsque H. Boulay le combattit par
quelques paroles chaleureuses, et réclama le renvoi
de la pétition au président du Conseil des ministres. Sa demande ne fut pas accueillie. L'ordre du

1. Paroles du prince devant la Chambre des Pairs, le 28 septembre 1840.

jour présenté fut encore adopté, mais seulement après deux épreuves.

L'année suivante, le 23 mars 1844, le même débat se reproduisit sur des pétitions semblables, où l'on demandait :

1° Que l'effigie de l'empereur Napoléon fût rétablie sur la croix de la Légion d'honneur;

2° Que la loi de bannissement de la famille Napoléon fut abrogée;

3° Que la ville de Ham fût donnée pour prison au prince Louis-Napoléon.

H. Boulay insista de nouveau pour leur renvoi au gouvernement, notamment en ce qui touchait l'exil de la famille de Napoléon Ier.

Il faisait remarquer que si les lois de bannissement avaient eu une raison d'être sous la Restauration, lorsque deux principes, la souveraineté nationale et la légitimité se trouvaient en présence, et même après la révolution de 1830, lorsqu'une dynastie nouvelle venait de s'établir, cette raison ne subsistait plus surtout depuis la mort du roi de Rome [1].

« Il ne reste plus, disait-il, que trois frères de Na-
« poléon :

« Jérôme qui, après avoir été roi, est redevenu
« soldat pour verser son sang à Waterloo;

« Louis que l'on peut appeler philosophe, qui est
« descendu du trône pour vivre en paix avec sa con-
« science;

« Et enfin Joseph, qui, après avoir porté deux

---

1. Décédé à Vienne le 22 juillet 1832.

« couronnes, est resté le plus bienveillant et le plus
« modéré des hommes.

« Tous les trois patients et résignés, ayant sup-
« porté leur exil avec autant de dignité que de pru-
« dence, tous les trois aujourd'hui fatigués par la
« durée de cet exil, atteints par l'âge, en proie aux
« infirmités, et l'un d'eux, faut-il le divulguer, me-
« nacé d'indigence. »

Quant aux membres plus jeunes de cette famille,
H. Boulay ajoutait « qu'on ne pouvait les rendre pas-
« sibles d'une loi rigoureuse, votée quand la plupart
« d'entre eux n'étaient pas nés, pour une grandeur
« dont ils n'avaient goûté que l'amertume. »

Abordant enfin l'objection tirée des deux entreprises du prince Louis-Napoléon, il s'exprimait ainsi :

« J'ai déjà dit que j'avais regretté et déploré ces
« entreprises[1]; mais je suis convaincu que le prince
« n'y a été entraîné que par les funestes conseils de
« l'exil. Je suis convaincu que s'il était en France, il
« n'en eût pas même conçu la pensée. Ce qui m'en
« donne la conviction, ce sont ces études graves, ces
« travaux sérieux auxquels il se livre dans la capti-
« vité; c'est la réponse qu'il a faite, lorsqu'on lui
« offrit d'ouvrir les portes de sa prison à la condi-
« tion de reprendre son exil : « J'aime mieux une
« prison en France que la liberté sur la terre étran-
« gère. »

H. Boulay citait l'exemple donné par les puis-

---

1. (Séance du 18 mars 1843.) On sait avec quelle noble fran-
chise le Prince Président les a blâmées dans son discours au maire
de Ham, le 22 juillet 1849.

sances étrangères : après avoir exercé sur les membres de la famille de Napoléon une rigoureuse surveillance, elles leur avaient enfin rendu la liberté *d'aller et de venir en Europe.*

Il rappelait que l'empereur, à son retour de l'île d'Elbe, avait autorisé la duchesse douairière d'Orléans et la duchesse de Bourbon à résider en France, et qu'il leur avait même accordé des pensions considérables[1]; il ajoutait que d'autre part la monarchie de juillet avait répondu au vœu national en relevant la statue de Napoléon sur la colonne de la place Vendôme, et en rapportant en France ses restes mortels.

« Eh quoi, disait H. Boulay, on relève la statue de « Napoléon, elle devient l'objet d'une sorte de culte, « et sa famille reste proscrite ! On lui construit un « magnifique mausolée, et ses trois frères, trois vieil- « lards, ne pourront pas venir déposer une prière et « une larme sur son tombeau !...» Après avoir si- gnalé cette inconséquence, « n'attendez pas, disait-il « aux ministres en terminant son discours, n'atten- « dez pas que la mort frappe de nouveaux coups « comme elle en frappe tous les jours; ne faites pas « dire à la postérité, vous en seriez responsables, que « sous le règne actuel, les portes de la France ne se « sont ouvertes aux Napoléon, qu'à la condition qu'ils « seraient couchés dans leurs tombeaux ! »

1. Commentaires de Napoléon Ier, t. V, p. 280 : notes sur l'ou- vrage de Fleury de Chaboulon; Correspondance de Napoléon Ier: t. XXVIII, p. 75, lettre au duc de Gaëte, et t. XXXI, p. 125, l'île d'Elbe et les Cent jours.

Malgré les marques d'assentiment données à ces paroles, l'ordre du jour avait été adopté de nouveau sur les deux dernières parties des pétitions; le renvoi au gouvernement n'avait été ordonné que sur la première. Dans la session de 1847, le sieur Lhuilier renouvela les mêmes demandes, en y ajoutant le vœu que le nom de Napoléon fût restitué au chef-lieu de la Vendée. L'ordre du jour proposé dans le rapport, combattu par MM. Odilon Barrot, Larabit et L'Herbette, fut appuyé par M. Hébert, garde des sceaux, qui invoquait la *raison d'État*, mais dans un langage plein de convenance pour Napoléon. H. Boulay répondit à cet argument : « L'antiquité aussi « avait une loi qui était fondée sur *la raison d'État*; « elle avait l'ostracisme, mais l'ostracisme ne durait « que dix ans, et voilà trente-deux ans que la famille « de Napoléon est proscrite! Je demande que cette « proscription ait enfin un terme! »

La Chambre vota, cette fois encore, mais à une faible majorité, l'ordre du jour sur le rappel de la famille impériale et elle prononça le renvoi au gouvernement des autres chefs de la pétition.

La cause que H. Boulay soutenait dans l'Assemblée, avec tant de persévérance, y gagnait chaque jour de plus nombreux partisans. Ce n'était pas seulement un sentiment de reconnaissance pour l'Empire qui l'inspirait dans ses discours, c'était aussi un principe de justice depuis trop longtemps méconnu. Les trois frères de Napoléon, et le prince détenu à Ham, lui avaient exprimé leurs remercîments, quoique ses efforts n'eussent pas encore atteint le résultat qu'il en espérait. Il paraissait néanmoins, que le gouvernement était disposé à abandonner les mesures de rigueur prises contre la famille de Napoléon.

A la fin de la session de 1847, le roi Jérôme, qui survivait seul à ses deux frères, morts depuis peu en exil, avait été autorisé, ainsi que son fils, à rentrer en France. Un projet de loi, à titre de transaction pour des réclamations qu'il avait à exercer, avait même été préparé pour lui allouer une pension annuelle de 150 000 francs, reversible, pour une partie, sur la tête de son fils. La révolution de 1848 empêcha que ce projet ne fût présenté, mais elle rendit à leur patrie tous les membres de la famille impériale. Le roi Jérôme, après l'élection à la présidence du prince Louis-Napoléon, fut nommé gouverneur des Invalides. Il appela H. Boulay à faire partie du Conseil d'administration de cet établissement, et il l'honora jusqu'à sa mort de sa confiance et de son amitié.

Au milieu des travaux législatifs auxquels il prenait part depuis son entrée dans la Chambre des députés, H. Boulay ne cessait pas de s'occuper des intérêts de l'instruction primaire, et de la situation des instituteurs dont il cherchait à faire améliorer le sort. Il avait proposé, dans les sessions de 1844, 1845, 1846 et 1847, un amendement ayant pour objet de porter à 300 francs leur traitement fixe qui n'était alors que de 200 francs. Cette disposition n'avait pas été admise, sur la promesse faite par le gouvernement qu'un projet de loi serait présenté dans ce sens. Il avait également demandé, notamment en 1846 (séance du 26 mai), qu'une augmentation de 500 000 francs fût inscrite au budget de l'instruction publique pour « subvenir

« à la fondation et à l'entretien d'écoles normales
« primaires d'élèves-maîtresses, d'écoles spéciales de
« filles, de classes d'adultes-femmes et d'ouvroirs. »

Il embrassait dans cet amendement l'ensemble des
établissements qui se rapportent à l'éducation élémentaire des femmes, question sur laquelle il appelait
la sollicitude de la Chambre. Il faisait d'abord remarquer qu'il n'avait été statué jusqu'alors, sur les
écoles de filles, que par une ordonnance du 23 juin
1836, qui n'avait pu créer de ressources pécuniaires
par cela même qu'elle était une ordonnance, et qui
ne tenait pas suffisamment compte de la liberté d'enseignement promise par la charte, puisqu'il n'était
point permis d'ouvrir ces écoles sans l'autorisation
des recteurs.

Sous l'influence de ce système restrictif, l'instruction des filles n'avait pu recevoir les développements
qu'exigent les besoins de la société. H. Boulay en faisait sentir l'importance, surtout par cette considération que c'est par la mère que commence l'éducation
de l'enfant. Personne n'était plus convaincu de la
nécessité de généraliser autant que possible l'enseignement primaire des femmes. C'était dans ce but
qu'il réclamait l'inscription au budget d'une somme
de 500 000 francs, qui ne devait être considérée, disait-il, que comme un fonds d'encouragement.

Dès 1831, il avait rédigé une notice sur la vie d'une
institutrice[1], qui l'une des premières, avait entrepris
de propager l'instruction mutuelle dans les écoles de

1. Notice sur la vie de Mlle Lelièvre, lue à la distribution des
prix de l'école de la Rochefoucault, le 9 septembre 1831.

filles, et qui avait dirigé, à Paris, celle de la Rochefoucault. Il avait aussi commencé à écrire une biographie du Bienheureux Pierre Fourier[1], fondateur de la Congrégation des sœurs de Notre-Dame, qui se consacrent à l'éducation des enfants de leur sexe d'après des règlements qu'il a lui-même tracés. La mort n'a pas permis à H. Boulay d'achever cet ouvrage.

Les amendements qu'il avait présentés à la Chambre des députés, en faveur de l'instruction primaire, n'avaient été rejetés que pour des raisons d'économie. Il s'attacha à combattre ces arguments dans la séance du 24 juin 1847 : « L'objection la plus grave qui me « soit opposée, c'est la situation des finances. Eh « bien ! qu'il me soit permis de dire avec toute l'éner- « gie de ma conviction, que l'éducation populaire est « la plus productive des dépenses et la plus certaine « des économies... Messieurs, faites une éducation « morale et religieuse ; faites d'honnêtes gens, élevez « loyalement les enfants dans le culte de leurs pères, « et vous opérerez une économie énorme sur ce que « j'appellerai le budget répressif, c'est-à-dire celui qui « est destiné à payer les polices, les gendarmes, les « juridictions criminelles, les prisons et les bour- « reaux.... »

---

1. Né à Mirecourt le 30 novembre 1565, chanoine régulier à l'abbaye de Chaumousey en 1587, curé de Mattaincourt, le 27 mai 1597 ; instituteur des religieuses de la Congrégation de Notre-Dame, en 1614 ; réformateur des chanoines réguliers de Notre-Sauveur en 1621 ; supérieur général de cet ordre, en 1632, mort à Gray, le 9 décembre 1640 ; béatifié à Rome le 10 janvier 1730.

(Extrait de l'inscription de la pierre tumulaire de Pierre Fourier.)

.... « Faites une éducation agricole et industrielle....
« rendez les champs plus féconds, l'industrie plus
« productive, et cela par l'éducation populaire, vous
« aurez, non-seulement augmenté dans une propor-
« tion incalculable la richesse publique, vous aurez
« fait encore une immense économie sur le budget
« hospitalier, je veux dire sur les dépenses payées
« par les hôpitaux, les hospices et les bureaux de
« bienfaisance....

« Faites que l'éducation soit civique et nationale ;
« faites que les citoyens soient attachés à leur patrie,
« et soient en état de la défendre ! Qu'à un jour donné,
« si l'indépendance nationale était menacée, la France
« tout entière puisse devenir un vaste camp et s'élancer
« d'un seul bond à la frontière ! Et vous pourrez alors
« obtenir des économies sur le budget de la guerre et
« sur le budget de la marine....

« Faites enfin que l'éducation populaire soit au
« complet et répande dans les masses les lumières qui
« conviennent aux grandes nations ; et cette éduca-
« tion vous payera en ordre public et en sécurité bien
« au delà de ce que vous aurez dépensé pour elle....»

Ces éloquentes paroles, souvent interrompues par
des marques d'approbation, n'étaient chez H. Boulay que l'expression sincère des sentiments dont il était
animé.

Cependant les événements devenaient graves, et
suivaient cette pente dangereuse qui mène aux ré-
volutions. On était en 1848. L'opposition, en récla-
mant une réforme électorale et une réforme parlementaire, avait voulu surtout obtenir le changement
du cabinet présidé par M. Guizot. Mais le ministère

ayant la majorité dans la Chambre des députés, s'é-
tait obstiné à conserver le pouvoir, et à refuser les
concessions qui lui étaient demandées. Pour l'obliger
à la retraite, l'opposition s'alliant avec le parti qui
aspirait à renverser la monarchie, avait organisé, sous
prétexte de droit de réunion, la campagne des ban-
quets, qui se termina par la journée du 24 février.
H. Boulay, qui siégeait au centre gauche de l'Assemblée, prouva par la modération de sa conduite, dans
ces circonstances, qu'il ne désirait que les réformes
nécessaires, suivant lui, au gouvernement et au pays.
Dans le banquet d'Épinal, le 25 novembre 1847, en
portant un toast à la réforme électorale et à la réforme
parlementaire, il avait dit :

« Si j'étais l'ennemi du gouvernement et des insti-
« tutions de juillet, si j'attendais d'une révolution
« nouvelle la réalisation de quelque utopie que j'aurais
« rêvée, ou la satisfaction de quelque ambition secrète
« que couverait mon cœur, je n'aurais qu'à laisser
« aller le char sur la pente rapide qui l'entraîne; je
« me tairais. Ma conscience interrogée, voici sa ré-
« ponse : le silence serait une trahison. Voilà pour-
« quoi j'aurai fait deux cents lieues pour répondre
« à votre appel, pour unir ma voix à la vôtre, etc.... »

Lorsque l'agitation commença dans plusieurs quar-
tiers de Paris, il se mit le 23 février, à la tête de sa
légion, et il contint le XIe arrondissement. Par ordre
de l'État-major général, il venait dans la soirée de
renvoyer les gardes nationaux à leur domicile, lorsque
la nouvelle de la fusillade qui eut lieu sur le boulevard des Capucines se répandit dans tout Paris et y
excita une profonde émotion. H. Boulay était resté

avec quelques officiers à la mairie du XI⁰ arrondissement : une bande nombreuse y accourut demandant
des armes, menaçant d'enfoncer les portes si on ne lui
en délivrait pas, et manifestant l'intention de s'emparer de la caserne, située en face de la mairie, et qui
était occupée par des gardes municipaux. H. Boulay
fit aussitôt battre le rappel, et il chargea les officiers
qui étaient avec lui, de réunir les gardes nationaux à
mesure qu'ils se présenteraient, et de les conduire à la
mairie. Ce fut ainsi que par sa fermeté, il la préserva
de toute attaque. Le lendemain 24, au point du jour,
il entra dans la caserne et il parvint à soustraire à la
fureur populaire les gardes municipaux qui y étaient
renfermés. Ce jour-là même, la 11⁰ légion occupait,
d'après les instructions émanées de l'État-major général, les points stratégiques de l'arrondissement et
elle empêchait que des barricades n'y fussent élevées.
Vers midi et demi, H. Boulay, ne recevant aucun
ordre, et apprenant qu'une formidable émeute se
dirigeait vers les Tuileries, se rendit aussitôt avec un
bataillon sur la place du Carrousel. A son arrivée, le
Palais était déjà abandonné par le roi qui venait d'ab-
diquer et par les membres de sa famille. Peu de moments après leur départ, la Chambre des députés était
envahie et l'insurrection était triomphante. H. Boulay
donna dès lors tous ses soins au maintien de la tranquillité dans son arrondissement.

Une des premières mesures dont s'avisèrent les auteurs de la révolution de 1848, fut de recomposer la
garde nationale en appelant indistinctement tous les
citoyens de vingt et un à cinquante-cinq ans, à en
faire partie et à concourir à l'élection des colonels,

des lieutenants-colonels et des autres officiers[1]. Ils parvinrent ainsi à faire élire leurs partisans, et avec d'autant plus de facilité, que la plupart des anciens officiers ne voulurent plus se porter comme candidats. H. Boulay crut au contraire que, dans des circonstances aussi inquiétantes, il était de son devoir de se représenter. Dans la réunion convoquée pour entendre les candidats, on lui demanda s'il voulait prendre l'engagement de marcher contre l'Assemblée nationale, dans le cas où un conflit s'élèverait entre elle et ce qu'on appelait le peuple de Paris. Il répondit sans hésiter : « qu'avant d'appartenir à Paris, il apparte- « nait à la France; qu'il ferait, autant qu'il le pourrait, « respecter la volonté de celle-ci, et qu'il défendrait la « représentation nationale[2]. » Ce langage patriotique ne convenait pas au parti révolutionnaire, qui fit réussir la candidature de son concurrent, mais à une faible majorité. Rappelons ici, que H. Boulay se fit aussitôt inscrire comme simple garde dans une des compagnies de la légion qu'il avait commandée pendant dix-huit ans.

Peu de temps après, se firent les élections pour l'Assemblée constituante. H. Boulay fut nommé député par le département des Vosges, quoiqu'il se fût abstenu d'aller y solliciter les suffrages. Il choisit sa place parmi les amis de l'ordre, et lorsque le 15 mai 1848, le parti démagogique tenta de s'emparer du pouvoir en envahissant le palais du Corps législatif, il

1. Arrêtés des 8 et 13 mars 1848.
2. Voyez la lettre du 8 avril 1848 adressée par H. Boulay à l'un des membres du Comité électoral de Mirecourt.

fut l'un des premiers à rentrer en séance. Il avait contribué à protéger M. Louis Blanc contre l'exaspération des gardes nationaux qui l'accusaient d'être l'un des auteurs de cet attentat [1].

Ennemi des proscriptions politiques, il se prononça, dans la séance du 26 mai, contre le décret proposé par le Gouvernement provisoire, pour interdire le territoire de la France et de ses colonies au roi Louis-Philippe et aux membres de sa famille. Répondant de sa place au citoyen Vignerte, qui appuyait ce dé-

1. M. Louis Blanc a lui-même raconté le fait dans un écrit publié à cette époque sous ce titre : *A l'opinion publique : journée du 15 mai* et il l'a rapporté dans son *Histoire de la Révolution de 1848*, t. II, page 93. On y lit :

« Ayant appris chez moi que l'Assemblée était rentrée en « séance, je me hâtai d'y aller reprendre mon poste.

« Arrivé au vestibule, je suis reconnu par quelques gardes « nationaux. Ils se précipitèrent sur moi, en proie à un incroya- « ble accès de rage : *En accusation !* criaient ceux-ci ; *Il faut le « tuer ? ce sera plus tôt fait !* criaient ceux-là.

« Heureusement, d'autres gardes nationaux, j'aime à le con- « stater ici, mirent à me défendre la même ardeur que leurs « camarades mettaient à m'attaquer. Le général Duvivier parut « en uniforme et fut un des premiers à protéger ma vie. Parmi « ceux qui m'entourèrent et parvinrent à me sauver de la fureur « la plus aveugle qui fut jamais, je citerai avec reconnaissance « mes collègues La Rochejacquelein, Boulay (de la Meurthe), « Wolowski, Adelsward, mon compatriote Conti, représentant de « la Corse ; le citoyen Moussette, le peintre Gigoux, un lieute- « nant de la garde nommé Férey, délégué du Luxembourg. On « m'a dit depuis que fidèle au souvenir de notre longue amitié, « M. François Arago était sorti précipitamment de la Chambre « pour venir à mon secours. Il m'est doux de trouver cette oc- « casion d'exprimer publiquement à ceux qui me sauvèrent de « cette incroyable tentative d'assassinat ma profonde gratitude. » (Louis Blanc, *Histoire de la Révolution de 1848*, t. II, p. 93.)

cret, et qui ajoutait que si la famille Bonaparte ou une famille quelconque devenait dangereuse pour la . souveraineté nationale, elle serait également expulsée : « Quand vous serez dangereux, lui dit-il, on « vous expulsera aussi ; les lois sont les mêmes pour « tous les citoyens. » Six cent quatre-vingt-quinze représentants prirent part à la délibération : six cent trente et un votèrent pour le decret, soixante-trois votèrent contre. H. Boulay était de ce nombre. Parmi les noms des représentants qui adoptèrent la loi de bannissement, on ne vit pas sans étonnement figurer ceux de MM. Dufaure et Vivien, qui avaient été ministres du roi Louis-Philippe, ainsi que les noms de MM. Victor Lanjuinais, de Lasteyrie, Duvergier de Hauranne, etc., quoique la Constitution de 1830, dont ils s'étaient proclamés les ardents défenseurs, eût déclaré la personne du roi inviolable et sacrée et ses ministres seuls responsables.

Le lendemain, M. Piétri, de concert avec H. Boulay et quelques-uns de leurs collègues, proposait d'abroger l'article 6 de la loi du 10 avril 1832 relatif au bannissement de la famille impériale ; cette motion fut adoptée enfin le 11 octobre 1848[1].

L'Assemblée avait pris en considération un projet de loi sur l'élection des conseils municipaux et départementaux. H. Boulay demanda (séance du 8 juin 1848) que ce projet fût déclaré applicable à la ville de Paris, dont le Conseil municipal avait été dissous par le Gouvernement provisoire, et dont l'Adminis-

1. Voyez les séances du 27 mai, des 2 et 13 juin et du 11 octobre 1848.

tration avait été confiée exclusivement au maire
nommé par ce gouvernement. Il se fondait sur ce
que : « Le sort des finances de la ville était d'être
« votées, ordonnancées, dépensées et contrôlées par
« un seul et même homme. » Malgré l'opportunité de
cette observation qui démontrait la nécessité de remé-
dier à un état de choses si irrégulier, sa conclusion ne
fut pas admise. Mais quelques jours après (le 20 juin),
profitant d'une discussion relative à un crédit que le
Gouvernement voulait obtenir pour solder les ateliers nationaux qu'il avait créés, H. Boulay se plai-
gnit de nouveau que le Conseil municipal de Paris
eût été supprimé, sans qu'une autre institution lui
eût été substituée : « En abolissant, disait-il, le Con-
« seil de la ville, en ne payant pas ses dettes, en at-
« ténuant son crédit, en détruisant ce qui faisait sa
« force et sa puissance, il est arrivé que le travail a
« cessé à Paris ; c'est là la grande cause du mal, et ce
« n'est pas un mal parisien seulement, c'est un mal
« qui s'étend à toute la France. Par la bonne adminis-
« tration des finances municipales, par son courage,
« par son expérience, avec cette philanthropie qui ne
« flatte pas, mais qui est jalouse de servir, mais qui est
« utile, le Conseil municipal a su maintenir les travaux
« et a conjuré (en 1847) une crise qui menaçait
« d'être presque aussi dangereuse, presque aussi ter-
« rible et pour la Ville de Paris et pour la France que
« la crise que nous traversons aujourd'hui. »
Ces paroles étaient trop vraies pour ne pas frapper
l'Assemblée ; elles furent accueillies par une vive approbation de la part de ceux de ses membres qui
voulaient le rétablissement de l'ordre si gravement

troublé depuis la Révolution du 24 février[1]. Elles contribuèrent aussi à obliger le Gouvernement d'alors à
instituer « une Commission provisoire municipale et
« départementale, » dont H. Boulay fut l'un des
membres.

Le parti démagogique qui avait échoué le 15 mai
1848 dans sa criminelle tentative, avait organisé, au
moyen des ateliers nationaux, une nouvelle insurrection qui éclata le 23 juin, se continua le 24 et le 25,
et qui ensanglanta Paris, dont elle occupait la partie
la plus étendue. L'Assemblée constituante s'était déclarée en permanence. Plusieurs de ses membres,
revêtus de leur écharpe, allèrent se joindre aux gardes nationaux et aux soldats de la ligne qui combattaient pour le salut de la société. H. Boulay s'était empressé de se rendre auprès du général Damesme
chargé de pourvoir à la sûreté du quartier du Luxembourg. Il importait de reprendre le Panthéon où les
insurgés s'étaient établis, ainsi que dans les maisons
environnantes. H. Boulay se concerta avec le général
pour cette attaque à laquelle concoururent, avec les
troupes de ligne, les gardes nationaux de la 11ᵉ légion
qui avaient suivi leur ancien colonel. Pendant la durée
de l'engagement, il se tint à côté du général, entre
deux pièces de canon pointées sur la porte du Panthéon. Après plusieurs décharges, se mettant chacun
à la tête d'une colonne, ils franchirent les grilles et
ils pénétrèrent dans l'intérieur de l'édifice : les insurgés s'enfuirent par une issue qu'ils s'étaient ménagée.

H. Boulay avait remarqué un élève de l'École

1. Décret du 3 juillet 1848.

4

normale nommé Danzin[1], qui s'était signalé par son intrépidité; il le chargea de porter à l'Assemblée la nouvelle du fait d'armes qui venait d'avoir lieu. Ce jeune homme n'ayant pu parvenir auprès du président, lui écrivit la lettre suivante, dont lecture fut aussitôt donnée aux représentants :

« Citoyen Président,

« J'ai l'honneur de vous annoncer que le Pan-
« théon vient d'être repris après une vive canonnade.
« Le citoyen Boulay de la Meurthe, qui y est entré à
« la tête d'une colonne de la troupe de ligne et de
« la garde nationale, a bien voulu me prendre à ses
« côtés pour vous l'apprendre.

« *Signé* : Danzin. »

H. Boulay continua jusqu'à la fin de l'insurrection à remplir la mission périlleuse qu'il s'était donnée, s'exposant aux balles des insurgés, mais soutenant par son exemple le moral des soldats et des gardes nationaux.

Le général Damesme, atteint à la jambe, en attaquant une barricade auprès du lycée Louis-le-Grand, mourut un mois après des suites de cette blessure. Ce ne fut pas le seul officier supérieur que la France eut à regretter. Elle n'a pas oublié combien de généraux périrent dans ces journées meurtrières qui coûtèrent la vie à l'archevêque de Paris, et à tant de braves soldats et d'excellents citoyens.

Ce fut peu de temps après, le 11 août 1848, que

---

1. (Et non Dozery, comme le porte le compte rendu de la séance du 24 juin 1848.)

H. Boulay chargé comme membre du Conseil municipal de Paris, de présider à la distribution des prix
du collége Rollin, prononça un discours sur l'influence de la famille dans l'éducation. Il y combattit
les sophismes odieux du socialisme. « L'ennemi de
« la famille, disait-il, est avant tout l'ennemi du pau-
« vre ; il tend à lui ravir son seul bien, sa plus chère
« consolation. La famille est l'œuvre de Dieu. Elle
« peut déjà sembler par elle-même une de ses fins,
« car elle donne le bonheur. Elle est sans doute une
« de ses voies pour arriver à des fins plus vastes. Par
« elle le bien est général sur la terre, le mal n'est
« que l'exception ; par elle la société subsiste.... Et
« dans quel temps fut-il plus opportun d'enseigner
« le culte de la famille? Chaque jour elle est en butte
« à de nouveaux attentats. Tantôt c'est au tour de
« la démence, et tantôt c'est au tour du crime de
« s'attaquer à elle. Nous respirons à peine de cette
« effroyable tempête où la société tout entière a failli
« s'abîmer. Citoyens, prenez confiance ; mères, ras-
« susez-vous ! la famille ne périra pas, et Dieu n'aura
« pas tort, etc., etc. »

Après avoir traversé cette horrible crise, l'Assemblée s'occupa de rédiger la Constitution républicaine
qu'elle publia le 4 novembre 1848. Une loi du 28 octobre avait fixé au 10 décembre l'élection du Président de la République. Les représentants s'étaient
rendus pour la plupart dans leurs départements afin
d'appuyer la candidature du général Cavaignac que
les fonctionnaires publics soutenaient officiellement.

H. Boulay n'avait pas cru devoir quitter Paris ;
mais cédant aux instances des électeurs du départe-

ment des Vosges qui lui demandaient de leur faire
connaître le nom du candidat pour lequel il se proposait de voter, il publia cette lettre le 1ᵉʳ décembre :

« Je voterai pour Louis-Napoléon Bonaparte, parce
« qu'il est incontestablement le candidat de cette
« immense majorité qui, n'ayant hâté ni de ses ef-
« forts, ni même de ses vœux l'avénement de la Ré-
« publique, l'a néanmoins accueillie, à la condition
« qu'elle serait honnête et modérée;

« Parce qu'étant resté étranger à nos divisions in-
« térieures, il est, plus qu'un autre, en mesure de
« faire appel à tout ce qu'il y a d'élevé et de pur
« dans les partis, pour en composer un grand et glo-
« rieux parti national;

« Parce que lui seul aujourd'hui peut ramener à la
« République tant de cœurs que les républicains ex-
« clusifs lui ont aliénés;

« Parce qu'il est le seul dont la nomination ne
« doive humilier personne;

« Parce que nul n'offre autant que lui de garanties
« à la réconciliation, à la paix, à l'ordre, à la sécu-
« rité;

« Parce que ses ouvrages attestent les études les
« plus variées et les plus sérieuses;

« Parce que sa longue captivité témoigne d'une
« grande force d'âme et que sa conduite depuis la
« révolution de février ne respire que sagesse, dignité
« et patriotisme;

« Parce qu'il s'est peint tout entier dans son ma-
« nifeste;

« Parce qu'il porte honorablement le nom le plus
« glorieux de la France;

« Parce qu'héritier de ce nom, il comprend que le
« seul moyen d'y ajouter un nouveau lustre, ce n'est
« pas l'empire, c'est le salut de la République ;

« Parce que dans son héritage, il trouve aussi cette
« prédiction qui a déjà plus de trente ans de date,
« et qui assigne ses destinées à l'Europe, *dans cin-*
« *quante ans Cosaque ou République;*

« Parce que sa candidature plaît au peuple ;

« Parce qu'il y a là quelque chose de providentiel,
« et que cette acclamation populaire au grand nom
« de Napoléon, qui se perpétue depuis un demi-siècle,
« semble vraiment la voix de Dieu ! »

Cette lettre rendue publique par la voie de la
presse, fut imprimée par les soins des électeurs du
département des Vosges, et répandue à des milliers
d'exemplaires dans ce département et dans celui de
la Meurthe : le prince y obtint une majorité considérable.

Après son élection à la présidence de la République, il forma un ministère à la tête duquel il plaça
M. Odilon Barrot avec le portefeuille de la justice. Il
avait d'abord songé à nommer H. Boulay préfet de
la Seine, en raison de ses services comme membre
du Conseil municipal ; mais d'après l'avis des ministres, il donna cette place importante à M. Berger,
ancien député du centre gauche, réservant à H. Boulay, *et à son insçu,* une magistrature plus élevée.

H. Boulay bornait son ambition à rester membre
de l'Assemblée, et ne désirait aucune fonction publique. Il ne connaissait personnellement le prince
que depuis son retour en France. Il lui avait été
présenté par le roi Jérôme, chez lequel se réunissaient

habituellement plusieurs représentants et quelques amis intimes. Mais le prince, sans l'avoir vu, et avant même d'avoir lu ses discours à la Chambre des députés, avait su apprécier son caractère que lui avaient fait connaître sa mère la reine Hortense, et d'autres personnes de sa famille.

La reine Hortense était venue en 1849 passer plusieurs jours à Francfort, auprès de la reine Julie, épouse du roi Joseph, pendant que H. Boulay s'y trouvait avec son père encore en exil.

Les deux princesses, filles de la reine Julie, faisaient les honneurs du salon de leur mère qui accueillait les proscrits avec une extrême bienveillance. L'une des deux, la princesse Charlotte, épousa le frère aîné du prince Louis-Napoléon, et elle ne survécut que peu d'années à son mari qui mourut en 1831, à Forli, dans un soulèvement des Italiens contre l'Autriche. Lorsque la reine Julie perdit cette princesse, elle demanda à H. Boulay de lui envoyer une épitaphe pour être gravée sur son tombeau à Santa Croce de Florence. Il obéit aux désirs de la reine, et il lui adressa ce peu de mots qui sont le plus bel éloge de sa fille et le mieux mérité : « Ci-gît Charlotte-Napoléon Bo- « naparte, digne de ce nom. »

Ce ne fut pas seulement l'affection que H. Boulay portait à la famille impériale qui déterminèrent le Prince-Président à le désigner pour la position de vice-président de la République, ce fut surtout l'estime dont il jouissait pour son dévouement au bien public.

Aux termes de l'article 70 de la Constitution de 1848, le Président devait, dans le mois qui suivait son élection, présenter trois candidats pour la place de vice-président, dont la nomination appartenait à l'Assemblée. Il inscrivit H. Boulay de la Meurthe le premier sur la liste, qui portait ensuite le nom du général, depuis maréchal, Baraguey-d'Hilliers et celui de M. Vivien.

H. Boulay était si loin de s'attendre à l'honneur de cette désignation que, lorsqu'il en fut informé, il pria le Prince-Président de faire choix d'un autre candidat. Mais le Prince persista dans sa première résolution. La nomination par l'Assemblée se fit le 20 janvier 1849. Sur six cent quatre-vingt-quinze votants, H. Boulay obtint quatre cent dix-sept suffrages, M. Baraguey-d'Hilliers un seul, et M. Vivien deux cent soixante-dix-sept. Plusieurs des ministres auraient désiré que M. Vivien fût élu ; c'était aussi l'ambition de ce candidat qui ne cessa de faire de l'opposition au gouvernement du prince Louis-Napoléon.

Après avoir été proclamé vice-président de la République par le président de l'Assemblée, H. Boulay prêta à la tribune le serment prescrit par la Constitution, et prononça le discours suivant :

« Citoyens Réprésentants,

« Je n'ai point recherché l'honneur qui m'est « fait.

« Tandis qu'il en était temps encore, j'ai prodigué « les instances les plus vives pour obtenir que quel- « que nom revêtu de plus d'autorité que le mien lui « fût substitué sur la liste de présentation. Une af- « fection dont je m'honore a été plus forte que ma « volonté.

« J'espérais du moins, que votre justice vous ferait
« préférer quelqu'un de mes honorables concur-
« rents : l'un, vieux soldat mutilé dans les combats
« (*Très-bien ! très-bien !*) ; l'autre, athlète glorieuse-
« ment éprouvé dans les luttes parlementaires (*Très-*
« *bien ! très-bien !*).

« Plus ce double honneur est inattendu, et plus
« ma reconnaissance (reconnaissance, permettez-moi
« de vous ouvrir mon âme, mêlée de trouble et de
« tristesse), plus ma reconnaissance est profonde
« envers le Président de la République comme envers
« l'Assemblée nationale, tous les deux les grands
« élus du suffrage universel (*Très-bien !*).

« Je ne m'enorgueillis pas de ma nomination, j'en
« tire deux enseignements.

« Dans un de ces enseignements, je vois une ho-
« norable déférence pour ce que l'Assemblée a cru
» être le vœu du premier magistrat de la République
« (*Très-bien ! très-bien !*) ; j'y vois une protestation
« contre une hostilité si étrangement, si malheureu-
« ment présumée (*Très-bien ! très-bien !*) ; j'y vois un
« signe d'alliance, et je vous promets, citoyens re-
« présentants, de seconder vos intentions ; il ne
« m'en coûtera rien : je ne ferai qu'obéir à mes ha-
« bitudes, à mes convictions, à mon inclination
« (*Très-bien ! très-bien !*).

« L'autre enseignement que je tire de cette nomi-
« nation, c'est l'invitation de contribuer de toutes
« mes forces à l'affermissement de la République
« (*Vifs applaudissements*). Je le ferai avec probité,
« avec loyauté, avec constance, et, s'il le faut, avec
« quelque énergie (*Très-bien ! très-bien !*). Je n'ajoute

« rien de plus, il n'y a pas d'autres mérites dans ma
« vie.

« Ici je rencontre le serment que je viens de prê-
« ter, et auquel je serai fidèle; je rencontre aussi le
« terrain de la Constitution que je ne déserterai pas.
« Je trouve enfin deux intérêts sacrés et chers, des-
« tinés à se sauver l'un par l'autre, étroitement unis,
« confondus ensemble, l'intérêt de la République
« et l'intérêt de son Président (*Très-bien! très-bien!*.

« Croyez-moi, citoyens Représentants, j'ai su lire
« dans ce noble cœur. Oui, le Président de la Répu-
« publique a compris que le plus grand honneur
« qu'il soit donné à un citoyen de conquérir, c'est
« de s'appeler Napoléon Bonaparte, d'être l'élu de
« l'immense majorité du peuple français et d'affermir
« la République (*Nouvelle et vive approbation*).

« Vous avez déjà, citoyens représentants, grande-
« ment contribué à cette œuvre. Vous êtes apparus
« dans les circonstances les plus critiques, et il a
« suffi de votre présence pour rassurer les esprits et
« pour raffermir le sol. Vous avez sauvé le pays de
« la guerre civile et de la ruine. Le 15 mai vous as-
« sistiez sur vos bancs, calmes et résignés à tout, au
« spectacle hideux des saturnales de l'anarchie; le 24
« juin, vos écharpes sauvaient la société en péril.
« Jamais plus grand pouvoir n'a été confié à une
« réunion d'hommes, et jamais il n'en fut usé avec
« plus de modération. L'Assemblée nationale a le
« droit de finir, elle saura finir comme elle a vécu,
« maîtresse d'elle-même, fidèle à elle-même; elle
« peut dès à présent prétendre à la reconnaissance,
« au respect du pays; elle vivra honorée dans l'his-

« toire, et la gloire des assemblées qui la suivront
« sera de continuer son œuvre (*Marques générales et*
« *chaleureuses d'approbation.*) »

Le 5 février 1849, H. Boulay adressait une lettre
à ses concitoyens du département des Vosges, pour
les remercier de l'avoir appelé trois fois à l'honneur
de les représenter, et de lui avoir témoigné par leur
bienveillant assentiment la satisfaction qu'ils éprou-
vaient de son élévation à la vice-présidence de la
République.

Le choix qu'avait fait le Prince-Président pour
cette haute position, et que les suffrages de l'Assemblée avaient confirmé, reçut l'approbation de tous
les amis de l'ordre et d'une sage liberté. Le caractère de H. Boulay leur inspirait une véritable confiance.

Une loi du 19 janvier 1849 avait fixé le traitement
du vice-président à 48 000 francs par an, et décidé
qu'il serait logé aux frais de l'État ; un arrêté du Pouvoir exécutif, rendu en exécution de cette loi, avait
affecté à son habitation le palais du petit Luxembourg. Le logement aux frais de l'État des grands
fonctionnaires entraîne certaines dépenses pour le
matériel qui demeurent à la charge du Trésor public, sans l'allocation desquelles il serait trop oné-
reux pour des particuliers. Le Gouvernement avait
donc proposé d'attribuer au vice-président une in-
demnité annuelle égale à son traitement, mais il
avait eu le tort de dire dans le projet de loi que c'é-
tait pour *frais de représentation.* Ces expressions
donnèrent lieu à une fausse interprétation de la part
de l'Assemblée, qui refusa le crédit demandé.

H. Boulay écrivit au Président[1] une lettre dans laquelle il disait :

« Je n'ai jamais songé à réclamer de frais de repré-
« sentation.

« Le projet de loi avait, suivant moi, le tort de
« paraître en demander ; j'ai sollicité pour cette cause
« le retrait de ce projet, sans pouvoir l'obtenir. Le
« rejet de tout crédit pour matériel me place dans
« l'impossibilité d'accepter le logement par l'État ;
« quant au traitement de 48 000 francs, je comptais
« le consacrer tout entier aux convenances de ma
« situation : nécessaire dans un logement de l'État,
« il devient inutile dans ma modeste habitation per-
« sonnelle ; il ne serait plus qu'un moyen de m'en-
« richir, je déclare en conséquence que je le refuse.
« Je ne veux garder des fonctions dont j'ai été investi
« que la responsabilité qu'elles m'imposent. Le pays
« peut compter que je m'y dévouerai tout entier. Le
« jour où elles m'ont été confiées a été le plus glorieux
« de ma vie. L'Assemblée nationale qui me les a re-
« mises a droit à ma reconnaissance éternelle comme
« à mon profond respect.

« Agréez, etc., etc. »

Ce refus, quelque honorable qu'il fût, parut anormal à la plupart des représentants ; trente-six d'entre eux, proposèrent[2] d'ouvrir un crédit annuel pour le main-tien du traitement et pour les frais de logement....
« L'État, disaient les signataires de la proposition, en
« affectant des émoluments plus considérables à cer-

1. 11 avril 1849.
2. Le 11 août 1849.

« taine dignité dans le but d'en rehausser l'éclat, ne
« peut pas admettre que par modestie, désintéresse-
« ment ou tout autre motif, le citoyen qui a été élevé
« à cette dignité renonce à son traitement qui en est
« un des avantages, mais aussi une des conditions.

« Dans le cas que nous considérons, il est évident
« que le vice-président de la République est destiné
« à jouir d'une existence proportionnée à l'élévation
« du poste qu'il occupe, et qu'il ne lui est pas permis
« de vivre obscurément, etc., etc. »

H. Boulay sentit la vérité de ces observations;
mais il consacra le montant de son traitement, depuis
le jour où il avait écrit au président de l'Assemblée
jusqu'à la fin de l'année 1849, à la fondation de
livrets de caisse d'épargnes faite au profit des écoles
communales de garçons et de filles de la ville de
Paris, de celles du département de la Meurthe et du
département des Vosges, ainsi que des écoles qui
avaient été créées par la Société Élémentaire. Il disait dans la lettre qu'il adressait à cette Société, pour
lui annoncer qu'il mettait à sa disposition une somme
de 4300 francs :

« Trois choses contribuent aujourd'hui à mettre
» l'instruction publique en péril et presque en ques-
« tion : l'ignorance; dans un pays où 2 millions
« d'enfants ne fréquentent pas encore des écoles, et
« où 14 millions d'adultes ne savent ni lire ni écrire;
« la transition de l'ignorance à l'instruction qui at-
« ténue les avantages de celle-ci et double les dangers
« de celle-là; enfin l'invasion des passions politiques
« dans l'instruction primaire. Avec le suffrage uni-
« versel, l'éducation du peuple n'est plus seulement

« la première des obligations, elle est une alternative
« de vie ou de mort ; c'est à l'aide de l'ignorance que
« se sont propagées les doctrines subversives de toute
« société ; les plantes vénéneuses ne croissent que
« dans les champs sans culture. La mission des amis
« de l'instruction primaire, celle que vous remplissez
« depuis trente-cinq ans, est donc plus nécessaire et
« plus urgente que jamais. Continuez à l'accomplir
« à l'instar de vos fondateurs, en vue de l'améliora-
« tion intellectuelle et morale de l'homme ou du
« citoyen, en dehors de tout esprit de faction, de
« toute arrière-pensée, de tout intérêt personnel,
« comme s'exerce le sacerdoce, comme se rend la
« justice. Ainsi pratiquée, l'œuvre de l'instruction
« populaire est ce qu'il y a de plus agréable à Dieu
« et de plus profitable aux sociétés. Les vues de la
« Providence s'accompliront, et la France éclairée
« sauvera la France ignorante, etc., etc. »

Cette espérance que H. Boulay se plaisait à conce-
voir, ne s'est point encore réalisée, et il est affligeant
de penser que les efforts que l'on ne cesse de faire
pour éclairer et moraliser les populations ignorantes,
n'ont point obtenu jusqu'ici les résultats que l'on
avait droit d'attendre.

H. Boulay ne s'installa point au petit Luxembourg,
il continua à demeurer dans l'hôtel dont il avait hérité
de son père. Il pouvait plus facilement y consacrer à
l'étude le peu de loisirs que lui laissaient les fonctions
publiques, les exigences de sa position et ses récep-
tions officielles.

Il n'assistait point au Conseil des ministres, mais
il le présidait en l'absence du Prince, lorsqu'il y était

spécialement invité. Souvent aussi il accompagnait le Prince quand il visitait l'intérieur de la France pour connaître par lui-même les besoins des localités. Il était même quelquefois chargé de le suppléer dans ses voyages, comme il le fut par exemple au mois de septembre 1849, lorsqu'il reçut la mission d'examiner les travaux qui s'exécutaient sur la basse Seine à la sollicitation de la Chambre de commerce de Rouen. Dans toutes ces occasions, H. Boulay ne manquait pas de rappeler les nobles et généreux sentiments dont le Prince Président était animé, et ses constantes préoccupations pour la grandeur et la prospérité de la France.

Le 26 novembre 1851, le Prince avait réuni dans un banquet ceux des exposants français à Londres qui avaient obtenu des récompenses. M. Charrière, l'un des convives, avait été décoré de la croix de la Légion d'honneur pour son habileté dans la fabrication des instruments de chirurgie ; ses ouvriers voulant lui témoigner leur satisfaction, s'empressèrent de lui offrir une croix achetée de leurs deniers. Informé de ce fait par H. Boulay, le Prince demanda à M. Charrière de lui remettre cette décoration, il l'attacha à sa boutonnière et lui donna en échange la croix en diamants qu'il portait sur son habit. « Il a voulu, » — disait H. Boulay, en racontant le lendemain cet épisode aux ouvriers de M. Charrière, dont il visitait les ateliers avec le Ministre du commerce, — « il a voulu « porter la croix que vous aviez donnée à votre « patron, comme un signe de l'heureuse union des « maîtres et des ouvriers, comme un gage de cette « vive sympathie qu'il éprouve pour les classes la-

« borieuses.... Je n'ai jamais rencontré, ajoutait
« H. Boulay, un cœur plus sympathique aux ouvriers
« que celui de Louis-Napoléon et qui s'occupât plus
« sincèrement de l'amélioration de leur existence[1]. »
Ces paroles n'étaient point une flatterie ; elles n'é-
taient que l'expression sincère de l'une des pensées
habituelles au Prince et dont il n'a cessé sur le trône
de poursuivre l'accomplissement.

La principale fonction du vice-président de la République était la présidence du Conseil d'État.

H. Boulay l'exerçait avec une grande impartialité,
laissant à chacun des membres la liberté la plus entière, ne cherchant jamais à influencer les opinions
ni les votes. Ses efforts tendaient toujours à maintenir l'harmonie entre eux quelle que fût la différence
de leurs principes politiques. Un des conseillers d'É-
tat les plus érudits[2] lui écrivait le 30 décembre 1852 :

« Je garde avec reconnaissance le souvenir de vos
« bontés personnelles pour moi, et aussi de la rare
« bienveillance et de la parfaite cordialité avec les-
« quelles vous avez dirigé nos travaux pendant trois
« années, bien difficiles et bien laborieuses. Je me
« flatte que chacun de mes collègues est disposé à
« vous rendre, en toute circonstance, le même té-
« moignage. »

Le 24 mars 1851, le Conseil d'État avait fait une
perte considérable dans la personne de M. Macarel,
président de la section d'administration. H. Boulay

---

1. Ce récit est extrait du journal *le Moniteur Parisien* du 28
novembre 1851.

2. M. Boulatignier.

invita le Conseil *en corps* à assister à ses obsèques et il prononça son éloge sur sa tombe, rendant ainsi un juste hommage aux plus honorables services et aux plus estimables qualités.

Le Conseil d'État avait alors une grande importance ; il réunissait des pouvoirs législatifs et politiques, à des attributions administratives et judiciaires ; mais comme il émanait de l'Assemblée, il en subissait l'influence, il était divisé en autant de partis, et il reproduisait les mêmes passions. La majorité de ses membres s'était d'abord montrée favorable au Prince Président ; mais lorsque le désaccord se mit entre le Prince et l'Assemblée, une semblable mésintelligence se fit sentir dans le Conseil. Elle se manifesta surtout dans la discussion d'un projet de loi sur la responsabilité des dépositaires de l'autorité publique. M. Vivien était président et M. Rivet était rapporteur de la Commission chargée de rédiger ce projet, qui se rattachait implicitement à la proposition des questeurs. On sait que les questeurs prétendaient donner au président de l'Assemblée le droit de requérir directement la force armée et toutes les autorités militaires et civiles dont il jugerait le concours nécessaire, en leur enjoignant d'y obtempérer sans délai.

Le projet de loi obtint dans le Conseil d'État une grande majorité, malgré les objections qu'il rencontra de la part de quelques-uns des membres qui en comprenaient l'extrême gravité. Le 17 novembre 1851, il fut renvoyé directement à l'Assemblée au lieu d'être adressé au Gouvernement. Les adversaires du Prince Président se proposaient de demander sa mise en accusation, de le suspendre de ses fonctions et de le faire détenir à Vincennes jusqu'à la sentence à intervenir.

Ce fut pour déjouer ces desseins et pour empêcher la démagogie de livrer la France à de nouveaux troubles, que le 2 décembre suivant, le Prince prononça par décret la dissolution de l'Assemblée et du Conseil d'État, et qu'il fit en même temps appel à la nation pour qu'elle décidât si elle voulait lui conférer sous sa responsabilité, le pouvoir pendant dix ans, et la mission de faire une Constitution dont il indiquait les principes fondamentaux. Il s'en référait ainsi au jugement du peuple, « seul souverain, disait-il, qu'il re- « connût en France ; et il ne sortait de la légalité que « pour rentrer dans le droit[1]. »

La décision du peuple ne se fit pas attendre : sept millions cinq cent mille suffrages se prononcèrent en faveur du Prince.

H. Boulay de la Meurthe ne connut le décret du 2 décembre que lorsqu'il parut ; il ne contribua pas à la rédaction de la Constitution du 14 janvier 1852; il fit seulement partie d'une Commission chargée de préparer la réorganisation du Conseil d'État[2]. Il cessa de présider ce corps pour entrer au Sénat, où il fut compris dans la première promotion , le 26 janvier.

Lorsque les décrets[3] relatifs aux biens de la famille

1. Proclamation au peuple français, du 2 décembre 1851, et discours aux membres de la commission consultative, du 31 décembre 1851.

2. Décret du 25 janvier 1852.

3. Ces décrets avaient des précédents analogues dans les lois du 12 janvier 1816 et 10 avril 1832, rendues contre Napoléon 1er,

du roi Louis-Philippe et à sa donation du 7 août
1830 furent publiés le 22 janvier, H. Boulay s'empressa de faire des démarches auprès du Prince pour
qu'il les rapportât ; elles restèrent sans effet. Le Prince
était si persuadé de la nécessité de ces décrets dans
l'intérêt de l'État, qu'il avait accepté la démission de
quatre de ses ministres qui ne partageaient pas sa
conviction[1]. Mais par un sentiment de bienveillance
qui lui était naturelle, il voulut que tous les ména-
gements possibles fussent apportés dans l'exécution
des décrets : plus tard même (en 1856), il fit adopter
par le Corps législatif une loi qui autorisait le ministre des finances à faire inscrire sur le grand livre de
la dette publique, au nom des héritiers de la reine
des Belges, une rente de 200 000 fr., et deux rentes
de pareille valeur au nom de la princesse Clémentine
de Saxe-Cobourg-Gotha, et au nom des héritiers de
la duchesse Marie de Wurtemberg. Quant au douaire
de 300 000 francs, qui avait été alloué à la duchesse
d'Orléans, il avait été maintenu par les décrets du
22 janvier, et il n'a pas cessé de lui être payé jusqu'à
sa mort.

Le plébiscite qui avait conféré au Prince, pour dix
ans, la présidence de la République, n'offrait pas à
l'opinion une garantie suffisante de sécurité ; elle
réclamait de toutes parts le rétablissement de l'Empire avec l'hérédité. Le Sénat répondit à ces vœux
en présentant à l'acceptation du peuple la proposition qui suit : « Le peuple français veut le rétablis-

Charles X et les membres de leurs familles. Voyez aussi la loi du
8 avril 1834, art. 2.

1. MM. de Morny, Magne, Fould et Rouher.

« sement de la dignité impériale dans la personne
« de Louis-Napoléon Bonaparte avec hérédité dans sa
« descendance directe, légitime ou adoptive, et lui
« donne le droit de régler l'ordre de succession au
« trône dans la famille Bonaparte, ainsi qu'il est prévu
« par le sénatus-consulte du 7 novembre 1852. »
Cette proposition fut adoptée par près de huit millions de suffrages.

Il était évident que c'était la volonté de la nation
entière qui relevait le trône impérial et qui confirmait
la Constitution de 1852.

Le Sénat avait reçu des attributions importantes ;
il était déclaré gardien du pacte fondamental et des
libertés publiques. Les lois ne pouvaient être promul-
guées avant de lui avoir été soumises, et il avait le
droit, dans certains cas déterminés, de s'opposer à leur
promulgation. Il pouvait poser les bases des projets
de lois d'un grand intérêt national, et proposer des
modifications à la Constitution. C'était auprès de lui
que s'exerçait le droit de pétition, etc. Tels étaient
les pouvoirs principaux que la constitution conférait
au Sénat, lorsque H. Boulay en était membre. Il s'attacha à remplir scrupuleusement les devoirs qui nais-
saient de ses nouvelles fonctions.

Le 21 juin 1852, il fit un rapport sur la loi relative à la réhabilitation des condamnés : il en déve-
loppa les principes avec autant de justesse que d'élévation.

Il prit part à plusieurs discussions importantes,
notamment à celle du sénatus-consulte du 25 décembre 1852, interprétatif de la Constitution. Il combattit l'article 5 de ce sénatus-consulte portant que

les dispositions du décret organique du 22 mars précédent, qui réglait les rapports du Sénat et du Corps législatif avec le chef du Gouvernement et le Conseil d'État, pourraient être modifiées par décrets de l'Empereur. Il demanda le maintien : 1° de l'article 11 de la Constitution qui exigeait que le chef du pouvoir exécutif présentât au Sénat et au Corps législatif, par un message, l'état des affaires de l'Empire; 2° de l'article 71 du décret précité du 22 mars, aux termes duquel les procès-verbaux du Corps législatif devaient contenir les noms des orateurs et le résumé de leurs opinions. Ces demandes n'ayant pas été accueillies, il se résolut à voter contre le sénatus-consulte.

Il vota également contre la loi du 5 mai 1855, sur l'organisation municipale. En approuvant la plupart de ses articles, il lui reprochait de ne point accorder aux Conseils municipaux de Paris et de Lyon l'application du système électif qu'elle admettait pour les Conseils municipaux des autres communes, exception qui lui semblait contraire au principe de la justice et à l'intérêt du Gouvernement. Il est permis de penser qu'après une plus longue expérience, éclairé par les faits postérieurs, il aurait mis moins d'insistance dans cette opinion.

Dans la séance du Sénat du 11 juin 1856, M. le marquis de la Rochejacquelein demandait de faire disparaître de la place de la Bastille la colonne de Juillet; plusieurs sénateurs protestèrent; H. Boulay s'écria : « La conclusion à tirer de la proposition de « M. de la Rochejacquelein serait, après avoir ren- « versé la colonne, de rétablir la Bastille. » La proposition fut retirée.

Membre d'une Commission chargée d'examiner un projet d'un grand intérêt national présenté par MM. Troplong et Portalis, pour régler le sort des enfants confiés à l'Assistance publique, H. Boulay prit la parole aux séances du 1er et du 2 juillet 1856. Il n'était pas d'avis de les réunir en colonie dans l'Algérie, il était frappé des inconvénients qui résulteraient d'une telle agglomération, et il pensait qu'il serait convenable d'instituer auprès du Ministre compétent un Conseil supérieur qui serait toujours consulté sur ces questions si intéressantes pour l'humanité et si difficiles à résoudre.

Il fit encore partie d'une Commission qui devait établir les bases d'un projet de Code rural. Déjà, lorsqu'il siégeait à la Chambre des députés, il avait, dans la séance du 2 juin 1846, interpellé le Ministre de l'agriculture et du commerce sur la question de savoir si le Gouvernement s'occupait de l'étude de ce Code. L'œuvre de la Commission du Sénat, dont M. Casabianca a été le rapporteur, fut terminée en 1858. Elle servit au Conseil d'État pour préparer les titres relatifs au régime du sol; ce projet fut soumis au Corps législatif en 1870, mais ne put y être discuté.

Le projet de sénatus-consulte sur la Régence donna lieu à des observations de H. Boulay. M. de La Rochejacquelein demandait que le Sénat se réunît de droit immédiatement après la mort de l'Empereur, et n'attendît pas une convocation de la part du Conseil de Régence, comme le voulait le projet (article 51). H. Boulay combattit cette idée; il rappela la conduite du Sénat de 1814, qui s'était rassemblé sans en avoir le droit et qui avait provoqué un changement de gouvernement. Le dernier paragraphe de l'article 7, portait : « Si l'Empereur a disposé de la « Régence et nommé les membres du Conseil de « Régence par un acte secret, l'ouverture en est faite « immédiatement au Sénat, en présence des Ministres et des présidents du Corps législatif et du Conseil d'État dûment appelés. » H. Boulay fit remarquer qu'il importait que le Sénat fût dûment convoqué pour que les sénateurs qui se rendraient à la séance, quel que fût leur nombre, fussent témoins qu'aucune fraude n'était commise. Sur sa demande, appuyée par plusieurs de ses collègues, l'article 7 fut renvoyé à la Commission qui le rédigea dans le sens de cette observation[1].

H. Boulay fut rapporteur (séance du 2 juin 1857), de la loi qui fixait la subvention de l'État pour les dépenses de l'ouverture du boulevard Sébastopol sur la rive gauche de la Seine, pour l'achèvement de la rue des Écoles, et pour l'achat des terrains à réunir à l'hôtel de Cluny et au musée des Thermes. En concluant à l'adoption, il fit remarquer, qu'il eût été plus régulier, conformément aux dispositions du sénatus-consulte du 25 décembre 1852, de ne commencer ces travaux, déclarés d'utilité publique, qu'après le vote par le Corps législatif des crédits avec lesquels l'État devait concourir à les exécuter. Cette opinion fut combattue par le commissaire du gouvernement, en raison des circonstances spéciales de l'affaire; mais qu'elle fût ou non fondée, elle prouve

---

1. Voyez le sénatus-consulte du 17 juillet 1856, article 7.

que H. Boulay poussait jusqu'au scrupule le respect de la légalité.

Outre ses fonctions de sénateur, il continuait à prêter un concours assidu à la Société pour l'Instruction élémentaire et il s'occupait de travaux qui se liaient aux souvenirs du premier Empire. En 1854, une somme de 8 millions avait été affectée à l'exécution du testament de Napoléon Ier; 200 000 francs prélevés sur cette somme avaient été réservés pour être distribués aux anciens militaires résidant à l'étranger, qui avaient « combattu depuis 1792 jusqu'à 1815, pour « la gloire et l'indépendance de la nation[1]. » Une Commission spéciale, organisée par décret du 7 mai 1856, fut chargée de cette répartition, sous la présidence de H. Boulay. Le 7 avril 1857, il adressa au Ministre des affaires étrangères, le comte Walewski, un mémoire où il rendait compte du travail de la Commission, et exprimait, au nom de ses membres, le vœu qu'une médaille portant ces mots : « *Testament* « *de Napoléon Ier*, fut distribuée à tous les militaires « qui y étaient compris, comme le plus noble don « qui pût leur être fait. » C'était pressentir la pensée de l'Empereur, qui déja, par un décret du 22 février 1852, avait institué la médaille militaire, et qui créa, par un autre décret du 12 août 1857, la médaille commémorative dite de Sainte-Hélène.

H. Boulay en fut un des titulaires[2] pour sa courageuse conduite dans les rangs de la garde nationale lors des invasions des armées étrangères en 1814 et en 1815.

---

1. Testament de Napoléon Ier.
2. Le 8 décembre 1857.

Il avait déjà reçu, en 1830, la décoration de juillet
que décernait une Commission des récompenses na-
tionales. Il avait été nommé chevalier de la Légion
d'honneur le 19 octobre 1831 ; officier le 10 juin
1837 ; commandeur le 17 décembre 1849. Il avait hérité du titre de comte à la mort de son père, le 2 février 1840.

Un décret du 7 septembre 1854, institua une Commission pour *recueillir, coordonner et publier la correspondance de Napoléon Ier, relative aux différentes
branches d'intérêt public*. Elle était présidée par le
maréchal Vaillant ; H. Boulay en était membre. Il attachait à cette publication la plus grande importance,
parce qu'elle devait faire connaître dans toute son
étendue le génie de l'homme extraordinaire qui pendant son règne, avait réorganisé en France l'état social.

Une question s'éleva dès l'origine, celle de savoir
si la Commission livrerait à l'impression la totalité
des lettres, ou seulement celles qu'elle en jugerait
dignes. H. Boulay était d'avis qu'il ne fallait en
omettre aucune. On lit dans une note écrite de sa
main : « Qui pourrait faire un choix ? qui l'oserait ?
« Ce que vous croiriez pouvoir supprimer comme in-
« différent, une date, un point, une virgule, peut
« sembler précieux à un autre, peut-être la solution
« d'un problème historique. Tout est connu ; on re-
« marquera les lacunes ; il suffira d'en constater une
« pour s'attaquer à tout l'ouvrage, et s'efforcer de le
« rendre suspect. » Cet avis ne fut pas entièrement
suivi, et l'on ne peut s'empêcher de regretter pour
l'histoire, toutes les lettres qui ont été omises dans
cette précieuse collection.

H. Boulay s'était livré avec une ardeur passionnée aux recherches qu'elle exigeait; il inspirait assez de confiance pour obtenir communication de beaucoup de lettres originales qui demeuraient entre les mains ou dans la famille de ceux qui avaient participé aux œuvres du gouvernement impérial.

La mort vint le surprendre avant que ce monument ne fût achevé.

Le 18 août 1851, il avait épousé une personne distinguée dont les talents et les qualités ont fait l'agrément des dernières années de sa vie[1]. Il l'accompagnait en 1858 aux eaux thermales de Bagnères-de-Luchon, lorsqu'il se fit une blessure à la jambe, en montant en voiture. La plaie parut d'abord sans gravité; puis comme elle s'agrandissait chaque jour, dès son retour à Paris, il eut recours aux plus habiles chirurgiens[2], qui reconnurent que le mal était incurable, et qu'une opération ne pourrait que hâter la fin de sa vie. Son courage n'en fut pas ébranlé, et il vit la mort s'approcher avec la résignation d'une âme chrétienne. La veille, il reçut la visite de M. le cardinal Morlot, archevêque de Paris, qui revint le jour même lui administrer les derniers sacrements de l'Église. Il conserva jusqu'au moment suprême, toute sa connaissance, et après une très-courte agonie, il rendit le dernier soupir à sept heures et demie du soir le 24 novembre 1858.

L'Empereur, alors à Compiègne, le roi Jérôme, le

---

1. Le Prince Président s'était fait représenter à son mariage par M. le général de division Roguet, son premier aide de camp.
2. MM. de Vergy, Nélaton, Jaubert de Lamballe, Andral.

prince Napoléon, la princesse Mathilde avaient plusieurs fois envoyé savoir de ses nouvelles. En apprenant sa mort par une lettre que M. J. Boulay lui avait adressée, l'Empereur répondit en ces termes :

Palais de Compiègne, 29 novembre 1858.

« Mon cher monsieur Boulay de la Meurthe, le
« coup qui vous frappe m'enlève un ancien ami
« dont j'estimais le caractère, dont j'appréciais les
« nobles qualités et le dévouement héréditaire à la
« cause impériale, je comprends toute l'étendue de
« cette perte, et je partage sincèrement votre dou-
« leur. Soyez, je vous prie, mon interprète auprès de
« sa famille, et dites-lui, comme vous avez eu raison
« de le penser, que je serai heureux de reporter sur
« elle mon affection pour un homme si justement
« regrettable.

« Croyez, mon cher monsieur Boulay de la Meur-
« the, à tous mes sentiments.

« *Signé* : NAPOLÉON. »

M. J. Boulay reçut également des lettres de condoléance de la part du roi Jérôme, du prince son fils, de la princesse Mathilde, de la princesse Bacciochi, du président du Sénat et d'un grand nombre d'autres personnes qui honoraient la mémoire de son frère[1].

Les obsèques eurent lieu le 27 novembre 1858, dans l'église de Saint-Sulpice, sa paroisse, au milieu d'un grand concours de personnes qui s'empressèrent

---

1. Voyez plusieurs de ces lettres imprimées comme annexes.

de venir lui rendre les derniers honneurs. Le *Moniteur universel* en parle en ces termes :

« Le deuil était conduit par M. le baron Joseph
« Boulay de la Meurthe, sénateur, frère du défunt,
« M. Évariste Bavoux, conseiller d'État, et MM. de
« Courcel et Michaud, ses beaux-frères.

« L'Empereur s'était fait représenter aux obsèques
« de M. le comte Boulay par l'un de ses chambellans,
« M. le comte d'Arjuzon ; S. A. I. le prince Jérôme
« Napoléon, par le capitaine de frégate de France, l'un
« de ses aides de camp, et par M. Robert, son écuyer
« commandant ; S. A. I. le prince Napoléon, par le
« colonel de Franconnière, son premier aide de camp,
« et par M. Georgette Dubuisson, l'un de ses officiers
« d'ordonnance ; S. A. I. Mme la princesse Mathilde
« par le général de Bougenel, son chevalier d'hon-
« neur.

« Les cordons du poêle étaient tenus par le général
« marquis d'Hautpoul, grand référendaire du Sénat ;
« M. Schneider, vice-président du Corps législatif ;
« M. de Parieu, vice-président du Conseil d'État, et
« M. Dumas, sénateur, président du Conseil muni-
« cipal de la Seine.

« Parmi les nombreux assistants, on remarquait
« LL. Exc. les ministres d'État et des travaux publics ;
« les présidents du Sénat et du Conseil d'Etat ; le pre-
« mier président de la Cour des comptes ; les généraux
« commandant en chef la garde impériale et la garde
« nationale ; les procureurs généraux à la Cour de
« cassation et à la Cour impériale.

« Le Sénat avait envoyé aux obsèques de M. le

« comte Boulay une députation à laquelle s'étaient
« joints spontanément plusieurs sénateurs.

« On remarquait encore dans l'assistance des mem-
« bres du Corps législatif et un grand nombre de
« conseillers d'État, ainsi que des membres de la
« Commission chargée de publier la correspondance
« de Napoléon Ier, qui s'étaient empressés de rendre
« un dernier hommage à leur regrettable collègue ;
« plusieurs anciens gardes nationaux de la 11e légion
« dont le comte Boulay avait été le colonel, des
« membres de la Société d'Instruction élémentaire,
« plusieurs vieux soldats médaillés de Sainte-Hélène,
« enfin les nombreux amis que cet homme de bien
« s'était faits dans toutes les classes de la société.

« Après le service funèbre, le cortége s'est rendu
« au cimetière Montparnasse, où les restes mortels de
« M. le comte Boulay ont été inhumés dans le tombeau
« de sa famille. »

M. Dumas, au nom du Sénat et du Conseil municipal, exprima les regrets de tous dans un remar-
quable discours qui est reproduit en entier à la fin
de cette notice.

Les membres du bureau de la Société pour l'instruction élémentaire, dont H. Boulay avait pendant
trente ans partagé le travail, après avoir assisté à
ses funérailles, adressèrent[1] des remercîments à M. le
sénateur Dumas, pour le discours qu'il avait prononcé
sur sa tombe. Ils décidèrent que le portrait de H. Boulay de la Meurthe serait placé dans la salle des séances
de la Société et qu'une réduction en serait faite pour

1. Séance du 29 décembre 1858.

qu'il pût être joint à l'un des bulletins[1]. M. Godard
de Saponay, l'un des vice - présidents de la Société,
fut en même temps chargé de rédiger une notice nécrologique dont il donna lecture dans la séance générale du 19 juin 1859. Les services de H. Boulay,
et ses qualités personnelles, y sont appréciés avec
autant de talent que de vérité. M. Jomard, qui présidait la séance, a fait aussi son éloge, en disant :
« que sa mort était la perte la plus sensible que la
« Société pût essuyer. »

La commune de Chaumousey (département des
Vosges), où était né son père, et dont il avait doté l'é-
cole d'une rente pour la fondation d'un livret annuel
de la caisse d'épargne, prit le 16 mai 1861, une délibération portant que son buste serait placé dans
l'école. Mme H. Boulay de la Meurthe, à laquelle cette
délibération avait été adressée, s'empressa d'envoyer
à la commune le buste qu'elle désirait, et pour lequel
elle voulait s'imposer une contribution spéciale. L'i-
nauguration fut faite le 6 juillet 1862, en présence
d'un grand nombre d'habitants des villages voisins,
et des instituteurs primaires du canton et de la ville
d'Épinal. M. le préfet des Vosges, retenu à Paris, avait
désigné pour le représenter à cette cérémonie, M. Da-
nican, conseiller de préfecture, près duquel se trouvaient M. Auguste Boulay, alors juge d'instruction et
aujourd'hui président du tribunal de première instance
d'Épinal, parent de H. Boulay, M. Malgras, inspecteur
d'Académie, le principal du collége de cette ville, et

---

1. Le portrait réduit figure en effet dans le numéro VII du
bulletin des mois d'août et septembre 1859.

d'autres fonctionnaires de l'Instruction publique.
Après la célébration d'un service religieux dans l'é-
glise de Chaumousey, les assistants se rendirent devant
la maison d'école, où le buste entouré de feuillage,
était déposé. Deux discours furent prononcés. M. le
conseiller de préfecture prit le premier la parole pour
remercier la commune de perpétuer « par une ma-
« nifestation durable de sa reconnaissance le souve-
« nir de l'homme qui, à l'exemple de son père, était
« demeuré fidèle à la glorieuse dynastie qui, par deux
« fois, avait sauvé la France. » M. l'Inspecteur d'Académie rappela ensuite avec une vive émotion, les services qu'avait rendus H. Boulay de la Meurthe dans
les diverses positions qu'il avait occupées, son zèle
inaltérable pour la cause de l'instruction populaire,
et ses qualités comme homme privé : « Le culte d'un
« homme de bien, disait-il à la fin de son discours,
« inspire les grandes actions, et les traits de Henri
« Boulay sont comme un exemple vivant pour vous,
« pour vos fils, de ce que peuvent le travail et la
« vertu. » Au banquet qui termina la cérémonie,
M. Auguste Boulay remercia, au nom de toute la famille, les personnes qui avaient bien voulu coopérer
à cette solennité, et spécialement l'instituteur primaire
de la commune qui le premier en avait eu la pensée.

La Société d'émulation du département des Vosges,
dont H. Boulay avait été membre, en publia le compte
rendu « voulant ainsi[1], s'associer à l'ovation dont cet
« homme de bien venait d'être l'objet dans les Vosges. »

A une probité exemplaire, H. Boulay joignait,

---

1. Ce sont ses propres expressions.

comme son père, le plus grand désintéressement.
« Loin d'avoir cherché à profiter des diverses po-
« sitions qu'il avait occupées pour augmenter sa for-
« tune, ou prendre part à des spéculations dans les-
« quelles son nom l'aurait fait rechercher... il sut
« se contenter de l'héritage paternel, vivant toujours
« modestement et sans faste.... » En 1843, il répondit aux membres d'une société financière qui le
priaient de prendre place parmi eux avec un avantage
annuel de 12 000 francs : « ... Je ne puis me dissi-
« muler que je ne devrais qu'à ma position de député
« les fonctions et les avantages que vous m'offrez ;
« or il n'a pas été dans la pensée de mes commettants,
« et il n'a pas été dans la mienne que la mission de
« député dût me procurer de tels avantages[1]... »

Rien dans la succession de son père ne lui avait
paru plus précieux que sa riche bibliothèque. Il
l'avait lui-même augmentée de nombreux ouvrages
relatifs surtout à l'éducation. Après la mort de son
fils, auquel elle était destinée, Mme Boulay de la
Meurthe, sa veuve, en a fait don à la ville de Nancy,
qui la possède aujourd'hui.

H. Boulay de la Meurthe est du petit nombre de
ces hommes dont la vie a été consacrée au travail
et au bien public ; elle a été trop courte pour sa famille, pour ses amis et pour le pays ; mais il n'a pas
eu à déplorer les malheurs qui accablent la France,
et il est mort témoin de la grandeur et de la prospérité qu'elle devait à l'Empire.

1. Ces citations sont extraites de la Notice nécrologique de
M. Godard de Saponay, p. 17 et 18.

ANNEXES.

I. — M. LE COMTE DE FRANCE, L'UN DES AIDES DE CAMP DU ROI JÉRÔME, A M. J. BOULAY DE LA MEURTHE.

« Monsieur le baron,

« Je me suis présenté de la part de S. A. I. le
« prince Jérôme - Napoléon pour vous exprimer son
« compliment de condoléance et vous dire combien
« Son Altesse Impériale est douloureusement affectée
« de la perte de M. le comte Boulay de la Meurthe
« votre frère, l'un des amis les plus sûrs et les plus
« dévoués de la famille impériale.

   « Permettez-moi, monsieur le baron, de vous
   « offrir aussi ma profonde et bien respec-
   « tueuse sympathie.

      « L'aide de camp de service,

         « Comte DE FRANCE. »

———————

II. — LETTRE DU PRINCE NAPOLÉON JÉRÔME, AU MÊME.

Paris, 26 novembre 1858.

« Monsieur le sénateur,

« J'ai reçu la lettre par laquelle vous m'annoncez
« la perte cruelle que vous venez de faire en la per-
« sonne de M. Boulay de la Meurthe votre frère.

« Vous savez l'estime et l'affection que j'avais pour

6

« cet homme de bien, si dévoué à son pays et à
« notre famille ! Je prends la part la plus vive à votre
« douleur et je vous prie de présenter à Mme Bou-
« lay et à toute la famille mes compliments de con-
« doléance.

> « Recevez, monsieur, l'assurance de ma consi-
> « dération très-distinguée.

> > « NAPOLÉON. »

III. — LETTRE DE LA PRINCESSE MATHILDE, AU MÊME.

> Vendredi 26 novembre.

« Monsieur,

« Je prends ma part bien vive à la perte doulou-
« reuse que vous et votre famille vous venez de faire
« dans la personne du comte Boulay de la Meurthe.

« Permettez-moi d'ajouter que notre famille perd
« un ami vrai et un appui éclairé toujours prêt à
« la défendre et à la soutenir.

« Veuillez, je vous prie, parler de moi à Mme votre
« belle-sœur et lui dire que je m'associe à sa dou-
« leur.

> « Veuillez, monsieur, agréer l'expression de
> « mes sentiments les plus distingués.

> > « MATHILDE. »

IV. — LETTRE DE LA PRINCESSE BACCIOCHI, AU MÊME.

> Rennes, 28 novembre 1858.

« Mon cher Boulay,

« C'est avec une véritable peine que je viens d'ap-
« prendre la perte que vous avez faite. Vous con-

« naissiez mon affection pour votre frère, et ne pou-
« vez douter de la sincérité de mes regrets ; vous
« devrez être mon interprète auprès de votre belle-
« sœur et lui dire combien je partage sa douleur.
« Sous quelques jours, il est probable que je serai à
« Paris, et vous dirai de nouveau de vive voix bien
« mieux que par écrit ce que m'inspire cette mort
« de regrets pour l'Empereur. En attendant, recevez
« l'expression de mes sentiments de sincère amitié.

« Princesse BACCIOCHI.

« Rappelez-moi au souvenir de Mme Boulay et
« de votre fille. »

V. — LETTRE DE M. LE PRÉSIDENT TROPLONG,
AU MÊME.

26 novembre 1858.

« Mon cher collègue,

« J'ai appris avec une vive peine la mort de
« M. votre frère ; vous saviez combien il était appré-
« cié au sein du Sénat. Aussi je ne fais que m'unir à
« des regrets qui seront unanimes parmi nos collè-
« gues en vous parlant des sentiments personnels
« que m'inspire cette perte prématurée. Je vous prie
« d'être, en cette douloureuse circonstance, l'inter-
« prète de ma sympathie auprès de Mme Boulay de
« la Meurthe.

« Recevez, mon cher collègue, l'assurance de
« mon sincère attachement.

« TROPLONG. »

VI. — M. LE BARON DE LACROSSE, SÉNATEUR SECRÉTAIRE DU SÉNAT, AU MÊME.

Paris, 26 novembre 1858.

« Mon cher et bon collègue,

« Vous faites une perte de cœur; il manquera au
« Sénat un homme de bien qui s'est montré digne
« du nom paternel par sa droiture, par ses lumières,
« par sa fermeté consciencieuse.

« Cette appréciation sera unanime. Le comte
« Boulay ne laisse que d'excellents souvenirs et em-
« porte les regrets de tous. Je veux vous dire que
« les miens sont très-sincères et vous offrir la sin-
« cère assurance de toutes mes sympathies comme
« de mes sentiments dévoués.

« Baron T. DE LACROSSE. »

VII. — M. LE COMTE L. LEMERCIER, SÉNATEUR, AU MÊME.

Paris, 26 novembre 1858.

« Mon cher collègue,

« Retenu chez moi par une indisposition peu
« grave, mais très-douloureuse, je ne pourrai assister
« au service de votre excellent et si regrettable frère.
« J'éprouve le besoin de vous exprimer toute l'afflic-
« tion que me fait éprouver une perte si cruelle.
« Croyez que je m'associe de cœur à votre douleur
« et à celle de votre famille.

« Votre bien dévoué et affectionné collègue.

« COMTE LEMERCIER. »

VIII. — M. DE CORMENIN, CONSEILLER D'ÉTAT,
AU MÊME.

« Il a fallu, mon cher collègue, que je fusse absent
« de Paris pour n'avoir point assisté aux obsèques
« de votre frère. Sa mort si subite pour moi, m'a
« causé beaucoup de peine. Vous savez combien je
« vous suis attaché à tous deux, ainsi qu'à la mé-
« moire de votre respectable et illustre père.

« Mille amitiés.

« CORMENIN. »

IX. — M. Tourangin, qui avait été membre du Conseil d'État avant d'être nommé sénateur, écrivait
à M. J. Boulay le 27 novembre 1858 :

« Cher collègue et ami,

« .... Dès mon entrée au Conseil d'État, dont il
« était le président, j'ai pu apprécier la fermeté et la
« loyauté de son caractère comme l'élévation et
« l'honnêteté de ses sentiments. Aussi ai-je recher-
« ché avec empressement son amitié et la vôtre; je
« m'honorerai toujours de l'avoir obtenue. Etc.

« TOURANGIN. »

X. — M. Buffet qui avait été collègue de députation
de H. Boulay de la Meurthe, ministre sous la présidence du prince Louis-Napoléon et qui est redevenu ministre sous l'Empire, écrivait aussi à
M. J. Boulay :

Bourguignolles près Lisieux, ce 28 novembre 1858.

« J'ai appris hier seulement par les journaux la
« perte si cruelle que vous venez de faire. Permet-
« tez-moi de vous témoigner toute la part que je
« prends à votre deuil et la profonde douleur que
« m'a causée la mort d'un homme si excellent et
« qui s'était toujours montré pour moi et les miens
« le meilleur et le plus constant ami. Il sera bien vi-
« vement regretté de tous ceux qui l'ont connu et
« dans nos Vosges surtout, où l'on avait pu appré-
« cier depuis longtemps toutes les qualités sérieuses
« et aimables qui le distinguaient.

« Veuillez, etc.

« L. BUFFET. »

XI. — M. le docteur Turck, collègue de députation
de H. Boulay de la Meurthe sous l'Assemblée
constituante :

(Extrait d'une lettre, au même.)

Plombières, 28 décembre 1858.

« Mon cher Joseph,

« J'ai appris avec bien de la douleur la mort de
« votre frère. Il y avait près de cinquante ans que
« nous nous connaissions, que nous nous aimions,
« et notre amitié avait pour caractère d'être aussi
« un legs de nos familles. A quoi donc a succombé
« ce pauvre ami? La dernière fois que je l'ai vu, il
« avait encore tant de force qu'on devait croire pour
« lui à une longue carrière.... etc.

« L. TURCK,
« docteur-médecin. »

XII. — M. Vatry, ancien député de la Meurthe, au même.

Stains, 26 novembre 1858.

« Mon cher ami,

« Le journal vient de m'apprendre la mort de
« votre excellent frère. Mes vieux sentiments pour
« vous et pour lui doivent vous garantir le chagrin
« que j'en éprouve, et vous le comprendrez mieux
« que personne, si vous vous accordez la justice que
« vous rendent vos nombreux amis mérités, en tête
« desquels j'espère que vous comptez votre dévoué

« Vatry. »

XIII. — Le maire de la ville de Nancy, député au Corps législatif, a M. le baron Boulay de la Meurthe.

Nancy, 27 novembre 1858.

« Monsieur le baron,

« La mort de M. le comte Boulay de la Meurthe,
« qui doit exciter dans toute la France l'impression
« d'une grande perte, est pour notre ville en parti-
« culier une cause de profonds regrets. La reconnais-
« sance des habitants de Nancy était depuis long-
« temps acquise à votre digne frère, qui portait à
« notre ville un si vif intérêt et qui lui a rendu de si
« éminents services.

« Je suis certain d'être leur fidèle organe en vous
« exprimant, à l'occasion de cette perte, les senti-
« ments les plus sympathiques.

« Veuillez, monsieur le baron, en recevoir le sin-

« cère témoignage et le transmettre à votre famille.

« Je désire vivement qu'il puisse être pour vous et
« pour elle un adoucissement à la douleur que vous
« éprouvez et que je partage du fond du cœur.

« Agréez, monsieur le baron, l'assurance de ma
« considération la plus distinguée.

« Baron ALFRED BUQUET. »

XIV. — LE COMTE DE RAMBUTEAU, ANCIEN PRÉFET DE
LA SEINE, AU MÊME.

Champgrenon, 1ᵉʳ décembre 1858.

« Mon cher baron,

« Je partage trop sincèrement vos regrets, pour
« ne pas avoir éprouvé le besoin de vous les expri-
« mer. Lié d'amitié pendant trente ans avec M. votre
« frère, ce sentiment ne s'est jamais démenti. J'ai
« trouvé chez lui le concours le plus dévoué pour
« tous les intérêts de la ville de Paris, l'amélioration
« des classes laborieuses et le succès de mon admi-
« nistration. A la tête de sa légion, il a donné l'exem-
« ple du courage et s'est montré aussi loyal et dé-
« voué le 24 février qu'aux journées de juin et juil-
« let. Il pouvait répéter en 1850 ce que nous disions
« ensemble en 1830 : Notre plus sûr gage de dé-
« vouement au présent, c'est notre fidélité au passé.
« Dans ma retraite, je l'ai trouvé ami aussi fidèle
« que lorsque j'étais au pouvoir, par le zèle qu'il a
« apporté à servir les intérêts des établissements
« charitables de ma fille ; elle me charge de vous

« exprimer, ainsi qu'à sa digne compagne, toute la
« part qu'elle prend à votre malheur.

« Agréez, etc.

« Comte de Rambuteau. »

XV. — Discours prononcé par M. Dumas sur la tombe de H. Boulay, le 27 novembre 1858.

« Messieurs,

« L'homme de bien que nous accompagnons, pleins
« de recueillement, à sa dernière demeure et qu'une
« mort prématurée enlève au pays, au Sénat, à sa
« famille, avait été mêlé, bien jeune encore, aux luttes
« et aux passions de la politique. A l'âge où le livre
« de la vie s'ouvre à peine pour l'adolescent, il ap-
« prenait à connaître déjà la saveur amère du pain
« de l'exil. Dès lors il ne cessait plus de prendre part,
« et avec des chances bien diverses, sans que rien
« vînt altérer jamais son impartialité, sa droiture,
« son courage, sa fidélité, à toutes les agitations de
« ce siècle si fécond en événements merveilleux ou
« terribles.

« Le malheur qui trouble et aigrit les cœurs vul-
« gaires, grandit et élève les âmes vraiment nobles.
« L'infortune est pour elles un aimant qui les attire
« et les fixe. Si M. Boulay de la Meurthe était de-
« meuré pieusement dévoué à la mémoire de l'Em-
« pereur, s'il était resté toujours confiant dans les
« destins de sa race, c'est peut-être parce qu'il avait
« combattu, presque enfant, avec le peuple, aux

« portes de Paris, pour la défense de l'empire ex-
« pirant, tandis que son père luttait jusqu'à la der-
« nière heure pour la cause impériale dans une région
« plus haute ; c'est peut-être parce qu'il accompagnait
« à l'étranger, un an plus tard, son père devenu
« alors un des illustres proscrits de ces deux époques
« agitées.

« Rentré dans la vie privée, le noble vieillard, qui
« avait présidé au Conseil d'État la section où s'éla-
« borait le Code civil, qui plus tard avait fait partie
« du Conseil de régence, celui que Napoléon carac-
« térisait à Sainte-Hélène en disant : « *Boulay fut*
« *vraiment un brave et honnête homme,* » apprenait à
« son fils comment ces hommes des temps héroïques
« savaient dompter leurs propres douleurs pour ne
« songer qu'aux maux de la patrie ; il lui apprenait
« tout ce que la probité, le travail et l'amour du pays
« donnent de force dans la prospérité et de consola-
« tion dans la détresse.

« Aussi, dès son retour en France, M. Boulay de
« la Meurthe, reprenant ses études de droit, se fit-il
« admettre comme avocat au barreau de Paris. Son
« nom, les événements qui avaient frappé ses jeunes
« années, tout le désignait aux accusés politiques
« comme un défenseur, aux adversaires de la Res-
« tauration comme leur organe. C'est ainsi qu'après
« avoir pris la parole dans quelques procès politiques,
« qu'après avoir été choisi pour provoquer en 1830
« à la résistance aux ordonnances de juillet, il se
« trouva naturellement appelé au commandement de
« la 11ᵉ légion de la garde nationale de Paris. Il se
« signalait à la tête de sa légion, à qui il avait su

« inspirer la plus entière confiance et où il comptait
« les plus amicales sympathies, à l'époque du procès
« des ministres, dans la défense du Luxembourg, à
« l'époque des troubles de l'archevêché, pour leur
« répression; dans les journées de juin 1832 et dans
« toutes les émeutes qui ont agité le dernier gouver-
« nement.

« Successivement député de la Meurthe et des
« Vosges, deux départements où il avait conservé
« des affections nombreuses et de sûres amitiés,
« M. Boulay de la Meurthe faisait partie du Conseil
« municipal de la Seine. Dans ces deux situations,
« il poursuivit avec une rare persévérance tout ce
« qui pouvait contribuer au bien-être et à la morali-
« sation du peuple. Sa philanthropie active et éclairée
« lui donnait une part dans tous les efforts entrepris
« pour assurer l'amélioration du sort des classes
« pauvres, soit par une distribution plus libérale du
« bienfait de l'éducation, soit par la création de ces
« nombreuses institutions de prévoyance, contestées
« alors, mais dont on reconnaît aujourd'hui la haute
« portée, tant les effets qu'elles produisent autour de
« nous sont devenus évidents.

« M. Boulay de la Meurthe était depuis longtemps
« ainsi mêlé à tous les événements de la vie publi-
« que, lorsque la révolution de 1848 vint lui imposer
« de nouveaux devoirs et soumettre son dévouement
« à la plus sérieuse épreuve. Membre de l'Assemblée
« constituante, estimé de tous les partis, désigné par
« le prince comme premier candidat pour la vice-
« présidence de la République, il fut choisi par l'As-
« semblée pour occuper ce poste élevé, mais périlleux,

« et devint par suite président du Conseil d'État,
« rentrant ainsi, d'une manière inespérée, avec émo-
« tion et respect, dans une enceinte retentissante
« encore du nom et des travaux de son illustre
« père.

« Au milieu des incidents si précipités et si divers
« de ces temps troublés et difficiles, quand tout sem-
« blait obéir aux lois d'une activité fiévreuse, lors-
« qu'on voyait les situations monter ou descendre,
« les hommes s'élever ou disparaître avec une rapi-
« dité qui laissait à peine le temps de les connaître
« et surtout de les juger, M. Boulay de la Meurthe,
« toujours simple, courageux et calme, contribua à
« conserver au Conseil d'État des formes dignes et
« une attitude magistrale en harmonie avec les vieilles
« traditions de ce corps respecté ; il sut, avec une
« bienveillance que la fermeté n'exclut pas, rendre
« faciles aux administrateurs, que les événements im-
« provisaient, des discussions sous le poids desquelles
« d'autres auraient aimé à voir gémir leur inexpé-
« rience.

« M. Boulay de la Meurthe, dans cette situation
« élevée, n'oublia pas qu'il avait appartenu au Conseil
« municipal de la ville de Paris, et on le vit faciliter
« ou provoquer les mesures qui préludaient déjà à la
« rénovation de cette grande cité.

« L'un des promoteurs de la loi qui régit en France
« l'instruction primaire, il oublia bien moins encore
« l'intérét de l'instruction du peuple, qui ne cessa
« jamais de faire l'objet de ses études attentives. Cinq
« volumes de rapports en témoignent ; ils disent
« combien ont été assidus les soins qu'il a donnés,

« depuis vingt années, comme président de la Société
« d'Instruction élémentaire, à ce premier besoin de
« l'enfance ; écoles primaires, écoles de chant, asiles,
« tout ce qui pouvait contribuer à l'instruire et à la
« moraliser, excitait au plus haut degré sa sollicitude,
« son dévouement, sa sympathie.

« Personne n'a examiné avec plus de persévérance
« la marche de l'instruction primaire soit en France,
« soit à l'étranger, tant dans les écoles publiques que
« dans les écoles privées, civiles ou militaires. Ses
« rapports sont pleins de faits bien recueillis et de
« vues dignes d'être méditées.

« Entré au Sénat, un autre soin, une passion sincère
« y prenait une grande part de sa vie ; il avait pour la
« gloire de l'empereur Napoléon Ier un culte qui n'a
« fait que s'accroître après quatre années consacrées
« au dépouillement de son immense correspondance,
« comme l'un des membres les plus zélés de la Com-
« mission chargée par S. M. l'Empereur d'en préparer
« la publication.

« M. Boulay de la Meurthe s'était passionné pour
« ce travail. Aucune démarche ne lui coûtait pour
« obtenir des familles communication des documents
« qu'elles possèdent, et chaque nouvelle pièce re-
« trouvée était pour lui un sujet de joie, comme si
« la gloire de Napoléon Ier pouvait en être encore
« grandie.

« Cette religion du souvenir de l'épopée impériale,
« la fermeté de son dévouement, la pureté de son
« caractère, son inflexible probité, tout le rendait
« digne des hautes affections dont il fut honoré et
« dont la bienveillance constante, après avoir fait

« l'honneur de sa vie, sera la consolation de sa fa-
« mille en deuil.

« M. Boulay de la Meurthe s'était concilié au Con-
« seil municipal, à la Chambre des députés, au Conseil
« d'État, au Sénat, les amitiés les plus fermes par la
« modération de ses sentiments, la sûreté de son
« commerce et la constance de ses dévouements. Il
« laisse dans toutes ces compagnies les regrets qui
« suivent l'homme de bien à sa dernière heure.

« En s'élevant vers des régions plus sereines, il
« laisse à sa famille si digne, si unie et si cruellement
« frappée, à son fils, à son bien jeune fils, le legs d'un
« nom illustre maintenu à son rang dans l'estime
« publique par un oncle qui saura lui en apprendre
« le prix, héritage le plus précieux d'un enfant à qui
« il impose de grands devoirs et de hautes vertus.

« Il laisse à sa compagne désolée qui fut le bonheur
« de ses derniers ans, et qui demeure l'honneur de
« son foyer, la consolation et l'appui de toutes ces
« affections éprouvées qui se pressent autour de cette
« tombe, comme pour témoigner qu'après avoir tra-
« versé tant et de si hautes fonctions publiques,
« Boulay avait su, par un privilége qui n'appartient
« qu'aux âmes droites, garder tous ses amis et se
« créer partout des sympathies nouvelles et durables.

« Adieu, au nom du Sénat et du corps municipal
« où le souvenir d'anciens services n'est pas oublié !
« adieu ! »